KB195286

공장을
만드는
사람들

공장을 만드는 사람들

플랜트 노동자 이종화가 당신에게 보내는 편지

초판 1쇄 2024년 11월 25일

기획 전국플랜트건설노동조합 울산지부
지은이 송민수

출판책임 박성규
편집주간 선우미정
기획이사 이지윤
디자인진행 하민우
편집 이동하·이수연·김혜민
마케팅 전병우
경영지원 김은주·나수정
제작관리 구법모
물류관리 엄철용

펴낸이 이정원
펴낸곳 도서출판 들녘
등록일자 1987년 12월 12일
등록번호 10-156
주소 경기도 파주시 회동길 198
전화 031-955-7374 (대표)
031-955-7382 (편집)
팩스 031-955-7393
이메일 dulnyouk@dulnyouk.co.kr

ISBN 979-11-5925-913-5 (03330)

플랜트 노동자 이종화가
당신에게 보내는 편지

공장을 만드는 사람들

전국플랜트건설노동조합 울산지부 기획
송민수 엮고 지음

들녘

일러두기

본문의 이종화, 한상균의 글은 글 전체의 맥락과 의미를 그대로 전달하기 위해 대명사나 문장을 일부 다듬었습니다.

[발간사]

노동해방 세상을 위하여 나아가도록 하겠습니다!

이종화 전 위원장님은 암 투병 중에도 울산지부 간부교육에 모든 노력을 다하셨습니다. 울산지부에서 개최하는 간부학교, 현장 책임자 교육, 확대간부수련회 등에 오셔서 열정적으로 교육하셨습니다. 자신의 활동 경험이 담겨 있는 교육자료를 직접 작성하면서 간부들의 활동에 보탬이 되고자 노력하셨습니다.

2023년 4월 26일 울산지부 상반기 현장 책임자 육성 교육 때 '간부론'을 교육하러 오셨습니다. 그런데 머리가 많이 빠져서 모자를 쓰고 오셔서 여러모로 걱정이 되었습니다. 그렇지만 여전히 자신 있는 표정과 당당한 말투 때문에 이렇게 빨리 가시리라고는 전혀 생각지 못했습니다.

암세포가 많이 전이되어 힘들 것 같다는 연락을 받고 급히 단국대병원암센터로 가서 마지막 모습을 보게 되었습니다. 돌아가시기 5일 전이었습니다. 후회 없는 삶을 살았다고 힘주어 말씀하시는 모습이 지금도 생생합니다.

제가 형님을 처음 만난 건 현장이었습니다. 당시 열심히 일만 하면 잘 살 수 있다고 믿었던 저에게 열성적으로 노동조합 가입을 권유하는 형님은 왠지 낯설고 서먹하였습니다. 항상 개구쟁이처럼 싱긋 웃는 형님이 별스럽다 싶었지만, 그 이후로 형님과 같이 열심히 활동하면서 어느덧 울산지부 조합원의 권리와 권익을 책임지는 사람이 되었네요.

이 땅에서 플랜트건설 노동자로 살아간다는 것이 무척 어려웠던 시대에 무엇이 형님을 그렇게 확신에 차게 만들었는지 모르겠습니다. 그 야만의 시대를 극복해나가는 형님의 발자취를 따라가다 보면, 어느덧 이 땅의 그 누구도 플랜트건설 노동자를 함부로 대할 수 없도록 투쟁하신 형님을 만날 수 있습니다.

같이 있을 때는 그저 유쾌하고 호탕하던 형님이었는데 돌아보니 너무나도 큰 산이었습니다. 이제는 알겠습니다. 형님은 묵묵히 자신의 길을 가면서 가치를 스스로 높여가는 사람이었고 겉으로 보이는 것보다 더 깊고 강한 내면을 가진 형님이었음을.

형님을 기억하고자 합니다. 노동자가 사람다운 대우를 받는 그날까지 한 치 물러섬 없이 투쟁했던 형님을 우리는 기억해야 합니다. 어떠한 어려움에도 물러서지 않고, 자신의 모든 것을 바쳐 투쟁하신 불굴의 투쟁정신을 잊어서는 안 됩니다.

이번에 울산지부와 형님을 기억하는 지인들이 뜻을 모아 평전을 발간합니다. 1주기에 맞추어 발간하고자 노력하였으나 자료의 부족으로 다소 늦어지게 되었습니다. 자료가 부족함에도 불구하고 노력해주신 송민수 작가님, 평전 출간을 제안하고 함께 노력해주신 동문후배 강인석 동지, 약속된 일정을 지키지 못했음에도 기다려주고 정성껏 출판해주신 들녘의 박성규 부대표님 및 관계자 분들에게 감사드립니다.

그리운 형님 잘 계시는지요?

형님이 우리 곁을 떠난 지도 1년이 다 되어가네요.

형님과 한잔하면서 도란도란 얘기했던 그때로 돌아갈 수는 없다는 것이 가슴 아픕니다.

형님을 영원히 기억하면서 힘차게 전진하겠습니다.

전국플랜트건설노동조합 울산지부장 고희승

[추천사]

남다른 진정성과 강단으로 큰 울림을 주셨습니다!

2000년대가 시작될 즈음, 주변 소개로 사람 좋아 보이는 한 사람을 만났습니다. 어떤 일을 하고 있는지 묻자 아이들 돌보는 어린이집을 운영하고 있다고 했습니다. 이런저런 이야기를 나눠보니, 여러모로 참 괜찮아 보여, 대뜸 민주노동당을 같이 해보자고 제안했습니다.

그이는 고민해보겠다고 했고, 누구나 처음 제안받았을 때 대다수 사람이 보여주는 그런 반응으로 이해했습니다. 하지만, 그이의 '고민해보겠다'는 말은 단지 '하느냐 마느냐'의 문제가 아니라 어떤 일이든 결심하면 제대로 해야 한다는 생각에 그 결심의 시간이 필요했다는 것을, 그이의 삶에 대한 태도가 원래 그렇다는 것을 나중에야 알게 되었습니다.

그이가 민주노동당에 가입한 지 얼마 되지 않았을 때, 평소 생각이나 사람을 대하는 품이 남달라 민주노동당 일을 앞장서 함께해보자는 부탁을 드렸고, 흔쾌히 하시겠다 결심하셨습니다. 당 간부로서 펼친 첫 사업이, 현대미포조선 사내하청 용인기업이 일방적으로 해고한 30명의 원직 복직 투쟁이었습니다. 무려 7년여에 걸친 지난한 싸움을 통해 복직은 물론 정규직화까지 쟁취한 승리한 투쟁이었지만, 첫 출발은 매우 힘들었습니다.

종화 형님은 해고 노동자들이 요청한 것도 아닌데, 본인 스스로 찾아가 같이 한번 해보자고 설득하고, 힘이 되어주고자 새벽부터 늦은 밤까지 동고동락하였습니다. 노동운동은커녕, 노동조합 경험도 전무하고, 정치적으로도 보수적이었던 용인기업 해고 노동자들은 처음에는 종화 형님을 의심의 눈초리로 보고 마음의 문도 열어주지 않았습니다. 하지만 한 달 두 달 진정성 있게 함께하는 형님의 모습을 보면서, 해고 노동자들은 서서히 맘을 열기 시작했고, 점점 단단해지기 시작했습니다.

형님 특유의 진정성 있는 모습, 앞길이 보이지 않음에도 반드시 승리한다는 신념을 갖고 조금의 흔들림도 없이 의연한 모습을 보면서, 해고 노동자들은 물론, 함께하는 많은 사람이 큰 감동을 받았습니다. 저 또한 그때 형님의 모습을 보면서 감동을 넘어 존경하는 마음을 갖게 된 한 사람입니다.

끝이 보이지 않는 싸움, 누구도 이길 수 없는 싸움이라 했지만, 의리와 사람 사랑의 깊이가 남다르고, 또 워낙 심지가 굳은 분이라 한 번도 그 끈을 놓지 않았습니다. 이길 수 있다고 힘주어 말하며 해고 노동자와 함께 연대하는 많은 동지들을 단결시켜 결국은 해냈습니다.

그러다가, 갑자기 플랜트 일을 가시겠다고 하셨습니다. 저는 당시 복잡하고 끝없는 당 일에 많이 힘들고 지쳐서 그냥 좀 쉬어가고 싶은 것이리라 여겼습니다. 하지만 마치 큰 싸움을 예견이라도 하신 듯 그렇게 나선 길, 그 딘딘함과 깅단은 많은 현장 활동가들에게 울림이 되었습니다.

저는 종화 형님을 가슴에 담은 많은 사람들이, 단지 종화 형님의 훌륭한 지도력을 과거의 모습으로 추억하는 것이 아니리라 생각합니다. 형님이 근본적으로 세상을 바꿔보겠다고 결심하고 결행한 그 진정성이 무엇인지 알기에 그 깊이를 마음에 두고 현재를 살아가는 것이리라 생각합니다.

이 글을 쓰는 24년 8월 25일 오늘도 날이 굉장히 무덥습니다. 좀 지나면 나아질까! 그러면 어느새 살이 에이듯 찬 겨울을 맞이하겠지! 찜통더위와 칼바람이 불어도, 이러나저러나 매일 현장으로 출근하는 노동자들이 살 만한 세상을 꿈꾸며 헌신했던 종화 형님의 삶을 떠올려봅니다.

종화 형님!

형님은 예나 지금이나 저를 잡아주고 끌어주는 푯대입니다. 형님 뜻 잊지 않고 살아가겠습니다. 부디 그곳에서는 평안하시기를!

끝으로, 많은 사람이 종화 형님의 마음을 간직하고 살 수 있도록 뜻을 모아 책으로 엮어주셔서, 오히려 제가 정말 감사를 드리고 싶은 마음입니다. 진심으로 감사합니다.

김종훈 울산 동구청장(진보당)

[추천사]

노동조합을 사랑하는 교과서가 되길 기대합니다!

이종화 동지가 우리 곁을 떠나간 지도 1주년이 되었습니다.

우리들의 영웅이었던 이종화 동지를 갑자기 떠나보내고 서운함과 허탈한 마음을 다잡는 게 너무도 힘이 들었습니다. 동지의 무덤 앞에 가서 멍하니 하늘만 바라보다가 오기도 하고, 함께 올랐던 문수산 어느 봉우리에 올라서 저 멀리 오가는 세상을 바라보면서 지난 시절을 추억하기도 하였습니다.

그래도 세월은 흘러 벌써 1주년이 되었습니다. 너무도 그립고 보고 싶지만 이제는 편히 쉴 수 있도록, 마음으로 위로하고 보내주어야 할 시간이 되었다는 생각이 듭니다. 저 하늘에서라도 편히 쉬라고, 이제 더 많은 동지들이 이종화 동지의 투쟁정신을 가슴에 새기며 나서고 있다고 말해주고 싶습니다.

이종화 동지는 우리 노동조합인 울산지부에서 영원히 기억되어야 할 영웅이었고 너무도 소중했던 동지였습니다. 울산지역건설플랜트노동조합으로 출범한 우리 울산지부는 출발부터 지역의 대기업들로부터 강력한 저항에 직면하게 되었습니다. 때문에 앞장섰던 많은 간부 동지들은 치열하게 투쟁했습니다.

일상의 조직활동이 전쟁 같은 투쟁의 연속이었고 오직 노동조합 성공만을 향해 달려온 시간이었습니다. 많은 동지들이 피와 땀과 열정을 쏟아부어야 할 참으로 어렵고 힘든 시기였다는 생각이 듭니다.

그 중심에 이종화 동지가 있었습니다.

특히 2005년 파업투쟁에서 이종화 동지가 "때려! 때려! 좌우로 정렬!"을 외치던 카랑카랑한 쉰 목소리는 영원히 잊지 못할 것입니다.

노동조합에서 이종화 동지의 평전을 내겠다고 합니다. 동지의 노동조합 사랑의 마음을 어찌 다 기억하고 후배들에게 전할 수 있을까 하는 생각을 했었는데 참으로 다행스럽게 생각합니다. 우리들의 기억이 더 잊히기 전에 기록으로 남기게 되어서 다행으로 생각합니다. 앞으로도 더 많은 동지들의 증언과 기억들을 되살려 우리 노동조합 역사 기록에 남기도록 노력해야 할 것으로 생각합니다.

이 책은 우리 울산지부 조합원들이 많이 읽고 노동조합을 사랑하는 마음의 교과서 같은 역할이 되었으면 좋겠다는 생각이 듭니다. 노동조합 사랑을 가슴으로 실천하던 이종화 동지의 정신을, 이 책을 통하여 울산지부 모든 동지들이 느끼고 배웠으면 좋겠습니다. 울산지부 신규가입 조합원들의 필독 도서로 인정되었으면 하는 바람도 가져봅니다. 또 노동조합을 처음 시작하는 많은 동지들이 읽고 표본이 되었으면 좋겠다는 생각을 합니다.

준비기간이 짧고 자료 부족으로 인해 내용이 풍부하지 못하고, 또한 더 많은 동지들의 증언이 수록되지 못한 아쉬움이 있습니다. 그러나 바쁜 조합활동 중에도 이 일을 추진해준 울산지부 지부장님과 관계 동지들께 진심으로 감사한 마음입니다.

이종화 동지의 평전 발간에 감사하며
초대위원장 박해욱

형님에게 부끄럽지 않은 플랜트건설노조 만들겠습니다!

나에게 이종화 동지는 2015년부터 2020년까지 함께 활동했던 동지입니다. 이종화 동지는 위원장으로, 나는 사무처장과 수석부위원장으로 6년 동안 전국플랜트건설노동조합에서 함께 활동했습니다.

2014년 9월로 기억하는데, 처음 이종화 동지가 광양으로 찾아와서 "플랜트건설노조 위원장으로 출마하려고 한다. 사무처장에 함께 출마하자"고 제안을 했을 때 나는 거절했었습니다. 그 이유는, 2007년 8월 5일 전국플랜트건설노동조합이 설립되고 7년의 과정을 지나면서 노동조합은 본조를 중심으로 통합된 조직운영이 어려웠습니다. 그런 상황에서 위원장 선거를 경선으로 치를 경우 조직이 더 힘들어질 것이라는 생각 때문에 후보 단일화를 했으면 좋겠다는 이야기를 했습니다.

하지만 2주 후에 이종화 동지는 다시 광양에 찾아와서 "후보 단일화가 불가능하다. 사무처장으로 출마하자"고 권유했습니다. 당시 나는 본조의 사업을 감당할 수 있을지 자신은 없었지만, 평소에 존경하던 동지의 제안을 거부하지 못하고 출마하기로 약속하고, 근무하던 현장을 정리하고 임원선거에 출마했습니다. 다행히도 출마를 준비했던 동지가 출마를 포기해서 2014년 선거에 당선되어서 이종화 동지와 함께 서울에서 6년을 활동했습니다.

그러나 2015년 임기 시작부터 본조에서의 사업은 어느 것 하나 쉬운 것이 없었습니다. 박근혜 정권 탄핵의 출발점이 되었던 2015년 민중총궐기 투쟁으로 이종화 동지는 다시 구속되고 말았습니다. 출소 이후 발생한 조직 분열과 사상 초유의 지부 해산이라는 결정을 하는 과정에서 위원장으로서 가슴 아파하는 모습을 지켜보았습니다. 조합원들의 비난 문자와 전화, 임원에 대한 법원의 직무정지 가처분 인용과 재출마의 과정을 지나면서, 나는 이종화 동지의 조직에 대한 애정을 보고 배웠습니다.

그렇게 당당하고 강한 의지를 가지고 플랜트건설노동자의 삶을 변화시키고자 노력했던 동지가 우리들 곁을 떠난 지 1년이 되었습니다. 어쩌면 내가 노동조합 활동을 하면서 가장 힘이 되어주던 동지를 보내고, 지난 1년 동안 나는 플랜트건설노조의 전망을 바로 세워야 한다는 결심을 하게 된 것 같습니다.

8개 지부와 10만의 조합원이 가입된 노동조합으로 발전한 플랜트건설노조의 위상에 맞게 전국의 플랜트 현장에서 건설노동자들이 대접받으면서 일할 수 있는 세상을 만들어가는 것, 조합원이 노동조합을 믿고 함께 투쟁할 수 있는 조직을 완성하는 것, 이것이 이종화 동지의 희망을 이루는 일이라 생각합니다.

이종화 동지가 하늘나라로 올라간 1주기를 맞이하여 울산지부 동지들이 이종화 동지를 한 번 더 생각하고, 영원히 기억하기 위해 "공장을 만드는 사람들: 플랜트 노동자 이종화가 당신에게 보내는 편지"를 발간하는 것에 대해 플랜트건설노조 위원장으로서 진심으로 감사드립니다. 이 책을 통해 조합원들이 전국플랜트건설노동조합과 울산지부를 언제나 자랑스럽게 생각하고, 조합원 동지들을 정말 사랑했던 이종화 동지를 기억해주기를 바랍니다.

사랑하고 보고 싶은 종화 형님!

형님의 노동운동에 대한 강한 의지와 열망을 잊지 않겠습니다.

후배 위원장으로서 조합원 동지들과 함께 형님에게 부끄럽지 않은 플랜트건설노조 만들겠습니다.

그곳에서 정권과 자본의 폭력적인 탄압에 맞서 힘들게 투쟁하는 조합원 동지들 지켜봐주시고, 우리가 기억하는 형님처럼 넉넉한 웃음으로 힘을 보태주십시오.

그 힘으로 플랜트건설노조는 조합원들과 형님이 그토록 바라던 노동자가 세상의 주인이 되는 투쟁에서 승리하겠습니다.

그리고 먼 훗날 만나면 함께 추억을 안주 삼아 형님이 좋아하는 막걸리 한잔합시다. 종화 형님! 너무 보고 싶습니다.

전국플랜트건설노동조합 위원장 이주안

[추천사]

동지의 뜻을 따라 노동자 · 민중이 주인된 세상을 만들어가겠소!

이종화 동지를 처음 만나서 인사를 나누었던 기억이 떠오릅니다.

2015년 10월쯤 되던 날 서울로 투쟁 가던 버스 안에서 우연히 만나 여러 가지 이야기를 나누게 되었습니다.

이종화 동지는 플랜트건설노조 위원장을 하시면서 건설산업연맹 전반을 알고 계셨고, 저는 건설노조 5기 위원장에 출마하겠다는 대화를 하면서 서로를 알게 되었습니다. 2015년 말 건설노조 5기 위원장 선거에 당선되었고 건설노조와 사무실을 같이 사용하면서, 2016년부터 많은 시간을 함께하게 되었습니다.

그러는 과정에 2016년 1월에 건설산업연맹 임원선거의 아픔도 있었고, 2015년 민중총궐기 투쟁으로 2016년 구속되면서 마음의 병이 발생한 것이 아닌가 해서 제가 죄스러운 마음이 많이 듭니다.

2017년 제가 퇴직공제부금 인상투쟁으로 수감생활을 하게 될 때, 이종화 동지가 참으로 따뜻한 마음으로 면회도 자주 오셔서 지혜와 용기도 주셨습니다.

그리고 제가 출소해서 한상균 전 민주노총 위원장님과 3명이 만나서 민중과 노동자가 주인 된 세상을 만들자고 결의도 했었는데, 뭐가 그리도 바빠서 혼자 멀리 가셨는지요.

많이 보고 싶소~ 이종화 동지!

이종화 동지의 추천사를 요청받고 동지의 약력을 보았습니다.

학생운동을 하면서부터 수배와 구속, 진보정치 활동과 노동조합 활동 속에서 그 많은 투쟁과 구속은 이종화 동지가 세상을 바꿔온 주체였다는 것을 말합니다. 노동자가 주인 된 세상, 진보정치가 집권하는 꿈의 실현을 위해 온몸 바친 이종화 동지의 뜻을 따라, 부족하지만 제가 동지의 몫까지 하겠다는 다짐을 한번 더 해봅니다.

이종화 위원장 동지!

동지는 항암치료 중에도 윤석열 정권에 의한 건설노조의 혹독한 탄압과 양회동 열사 투쟁 중인 저한테, 투쟁 승리를 위해 많은 지혜와 용기를 주셨습니다. 권력과 자본의 탄압에는 반드시 투쟁으로 돌파해서 승리해야 한다는 것이 이종화 동지의 신념이었다는 생각이 듭니다.

어느덧 이종화 동지를 떠나보내고 1주기가 다가옵니다.

올해 전국플랜트건설노동조합 울산지부 20주년 창립기념식에 함께하면서, 울산지부가 어떻게 성장해왔는지, 그리고 이종화 위원장 동지를 얼마나 조합원이 자랑스럽게 생각하는지 알게 되었습니다. 동지가 바라는 세상이 어떤 것인지 가슴 뛰게 하는 창립기념식이었습니다.

많이 그립소~ 이종화 동지!

동지가 평생을 몸 바쳐왔고 만들고자 했던 세상은 노동자·민중이 주인 된 세상!

그 세상 우리가 잘 만들어가겠소. 하늘나라에서 많은 지혜와 용기를 주시오!

전국건설노동조합 위원장 장옥기

[추천사]

그 누구보다 따뜻하고 치열했던 선배의 삶을 기억하고 배우겠습니다.

사실 이종화 선배를 잘 알지는 못합니다.

학번 차이가 크게 나서 학창 시절을 같이 보내지 못했기 때문입니다. 학교에서 직접 볼 수는 없었지만, 학생운동권 사이에서 전설처럼 전해지던 몇몇 선배들의 이야기 중에서 이종화 선배에 대한 이야기를 자주 들을 수 있기는 했습니다. 가령 "너무 많이 달려가서(잡혀가서) '달건이'라는 별명을 얻었다더라"와 같은….

그 얘기를 들었을 땐, 운이 너무 없는 분이거나 아니면 다혈질이어서 싸울 때 물불 안 가리고 막 덤비는 스타일인가 보다 하고 생각했었습니다.

경남대 동문공동체 활동을 하면서 많은 선배를 알게 되고, 이종화 선배도 몇 번 만나뵐 수 있었습니다.

'아, 운이 없어서 많이 달려가셨던 거구나!'

만날 때마다 밝게 웃으며 따뜻하게 손잡아주시는 선배는 너무나도 선하고 온화한 분이었기에 그리 생각했습니다.

그런데 이 책에 담긴 이종화 선배를 만나보니, 전설의 달건이 선배는 그저 운이 없어서 많이 달려간 게 아니었습니다. 학생운동부터 노동운동까지 '한결같이' 부당한 세상을 바꾸고 노동자가, 민중이 웃는 세상을 만들기 위해 늘 고민하고, 자신을 다그치며 치열하게 살아오신 선배. 가장 힘들고 어려운 곳으로 찾아 들어가 희망을 만들기 위해 생을 바친 선배.

이종화 선배는 그 누구보다 앞장서서 투쟁하고 그 누구보다 마지막까지 책임지는 사람이었기에 그리 달려가셨던 것입니다.

그런 이종화 선배의 고민과 결심, 세상을 보는 따뜻한 시선이 고스란히 담겨 있는 '이종화가 당신에게 보내는 편지' 부분은 책장이 쉬이 넘어가지 않습니다. 몇 번 곱씹고 새기다 보면 우리 삶도 좀 더 깊어지고, 따뜻해지지 않을까 싶습니다.

경남대학교 동문공동체 회장 나영기

감사의 말

저는 아버지의 삶을 그렇게 잘 알고 살진 않았습니다. 어렸을 적부터 아버지가 여러 번 투옥됐던 탓에 어머니가 홀로 저희를 돌보시던 집안 풍경이 언젠가부터 익숙하게 여겨졌습니다. 꽤 머리가 컸던 고등학생 때도 아버지의 징역형 선고를 앞두고 어머니가 재판장에게 낼 탄원서를 쓰라고 하셔서 무덤덤하게 거실에 앉아 글을 썼던 기억이 있습니다.

아버지는 감옥살이를 앞두고는 갑자기 장기간 집에 들어오지 않곤 했습니다. 나중에야 아버지가 경찰의 추적을 피해 도망 다녔다는 것을 알았고, 그러다 어느 날 어머니가 전화를 받고 눈물을 흘리시면 전화기 너머로 아버지가 경찰에 자진 출두하기로 결정했다는 식의 이야기가 들려왔습니다.

아버지의 삶이 평범한 사람들의 삶과는 거리가 멀다는 것은 진작부터 알았습니다. 사회정의에 대한 열정이 가득했던 고등학교 시절엔 그런 아버지를 동경하기도 했습니다. 그러나 아버지는 당신의 삶에 대해 말을 많이 해주시는 편은 아니었습니다. 아버지에게 각종 이념과 사상가들에 관해 물으면 노동가치론이니 유물론이니 하는 어려운 얘기들은 곧잘 해줬지만, 정작 그것을 실행하는 당신의 역사에 대해서는 말해주지 않았던 것입니다.

아버지가 한때 분신을 시도하려 했다는 것 또한 장례식장에서 노조 측에서 제작한 추모 영상을 보고 나서야 알았습니다. 아버지가 한 번도 당신이 온몸을 던져오며 살아왔던 삶에 대해 제대로 이야기해주지 않았다는 것을 깨닫곤 한동안 서운함이 이어지기도 했습니다. 올해로 28세. 성인이 된 지도 꽤 됐지만 그동안 아버지가 저를 대등한 가족으로 인정해주지 않은 듯한 기분마저 들었습니다.

그러나 이제는 아버지가 원체 당신의 길을 숙명적으로 받아들였던 탓에 당신이 겪었던 시련에 겸손했던 걸로 이해하려고 합니다. 철퇴가 기다리고 있더라도 당신이 가야 할 길을 꿋꿋이 걸었던 아버지라면 당신이 겪었던 시련을 구태여 아들에게 말하는 것은 새삼스럽게 느껴졌을 것입니다.

하지만 그런 아버지 삶에 대한 제 이해의 공백은 장례를 치른 후에도 여전히 마음 한구석에 불편함을 남겼습니다. 그런데 아버지의 동료들이 생전에 당신이 남긴 발자취를 모아 이렇게 일대기를 정리해주셨습니다. 아버지가 걸어오신 길을 연속성 있고 선명하게 그려내주신 것에 큰 감사의 마음을 전합니다.

아버지의 삶이 기자로 살고 있는 제게 '타성에 젖지 말고 부조리에 대한 감시를 소홀히 하지 말라'고 명령하는 듯합니다. 아무쪼록 이 책이 다른 독자들의 가슴속에도 저마다의 작은 불씨를 남기길 바랍니다.

이종화 전 위원장 아들 이성민

머리말

어느 날 그의 삶을 정리하여 책을 내고 싶다는 사람들을 만났다. 그가 남긴 자료를 정리하고, 그와 교류했던 사람들을 만나 인터뷰를 하며 그의 삶을 되살리고 싶다는 것이다. 왜일까? 물었다. 그의 삶을 더 많은 사람에게 알리고 싶단다. 그가 많은 사람의 꿈을 현실로 만들었다고도 했다. 궁금했다. 도대체 어떤 삶을 살았길래 피와 살을 나눈 가족도 아닌 사람들이 그의 삶을 다시 되살리고 싶어 하는 것일까? 하겠다고 했다.

그리고 며칠 뒤 그가 남긴 삶을 흔적을 받았다. 상자 세 개에 나눠 담긴 그의 삶이 무겁다. 나는 매일 같은 일들에 쫓기듯 버겁게 살면서도 무엇 하나 남길 수 있는 것이 없었다. 내가 남길 수 있는 삶의 흔적이 있을까? 카톡으로 주고받은 의미 없는 말들과 필요에 의해 보낸 이메일들, 그리고 인터넷 방문기록을 빼고 나면 내가 남길 수 있는 삶의 흔적이 있기는 할까? 나는 하루하루가 똑같은 가벼운 삶에 부대끼며 살고 있었다. 그가 남긴 무거운 삶의 흔적이 내 삶을 되돌아보게 만들었다.

그의 삶을 열어보았다. 손으로 쓴 일기장과 편지들이 가득하다. 손으로 쓴 편지만 A4 두 상자가 넘는다. SNS와 이메일로 소통을 하는 요즘 세상에 이렇게 많은 손편지를 주고받았다는 것이 놀랍다. 그가 손으로 직접 써서 남긴 편지와 일기를 책으로 옮기면 대략 30권쯤 된다. 며칠 동안 내 방은 그의 편지와 일기로 가득했다. 그가 가족들에게 보낸 편지와 그가 사람들에게 받은 편지, 그리고 일기를 쓴 노트를 정리하는 데에만 꼬박 일주일이 걸렸다.

작은 사진첩을 펼쳐보았다. 사진이 들어가 있어야 할 비닐 안에는 수용자용 접견표가 두껍게 쌓여 있었다. 명함 크기의 접견표는 그를 만나기 위해 감옥으로 찾아온 사람들의 수와 일치할 것이다. 무엇 때문일까? 그의 무엇이 사람들에게 감옥에 있는 그에게 이토록 많은 편지를 보내고, 직접 찾아오게 만든 것일까? 수용자용 접견표에 적혀 있는 그의 이름은 '이종화'였다.

그가 쓴 편지 곳곳에는 깊은 성찰을 담은 글이 숨겨져 있었다. 노동과 노동자에 대한, 삶의 태도와 자세에 대한 그의 글은 나에게 깊은 울림을 남겼다. 그는 우리 사회에서 소외 당하는 사람들이 조금이라도 더 행복하게 살기를 바라며 헌신했다. 그는 그가 이루고자 했던 꿈을 향해 한 걸음씩 나아갔고, 변치 않는 마음과 행동으로 주변 사람들을 변화시켰다. 나 역시 그의 삶을 따라가며 많은 것을 배우고 느낄 수 있었다.

그가 남긴 글을 통해서, 또 그와 함께했던 사람들과의 인터뷰를 통해서 그의 삶을 알면 알수록 그의 삶이 더 많은 사람의 가슴을 울릴 수 있기를 바라는 마음이 나에게도 일었다. 비록 한없이 부족하지만 이 글을 통해서 조금이나마 그가 이루고자 했던 뜻이 전달되기를 바란다.

이렇게나마 글로 그의 뜻을 전할 수 있게 많은 도움을 주신 전국플랜트건설노조 울산지부 조홍영 수석부지부장님과 전국금속노조 거제통

영고성조선하칭지회 김인식 부지회장님께 깊은 감사를 드린다. 무엇보다 부족한 글을 번듯한 책으로 엮어주신 들녘출판사의 박성규 부대표님과 관계자 분들께도 감사의 인사를 드린다.

2024년 8월

송민수

차례

1

플랜트 노동자의 울타리를 만들다

모든 위대한 성과는

하루하루의 작은 실천, 생활의 차이에서 만들어진다.

하루하루를 꾸준히 목표를 세우고 쌓아갈 수 있는 것은

자기 삶의 목표가 뚜렷한 사람만이 할 수 있다.

자기 삶의 목표가 뚜렷하려면

가치 있는 삶에 대한 믿음이 있어야 한다.

이종화가 당신에게 보내는 편지 _2014.02.03

2024년이 2004년에게

플랜트 노동자가 만든 울산

울산은 새해 해맞이로 나오는 간절곶과 뉴스를 통해 보이는 노동자들의 도시로 잘 알려져 있다. 울산은 우리나라 최대의 공업도시이자 자동차, 석유화학 및 정유, 그리고 조선업의 도시이다. 울산공단의 풍경은 진짜 중공업도시가 어떤 곳인지 바로 알 수 있게 한다. 울산의 공단지역에 들어서면 흰색과 빨간색으로 띠를 두른 거대한 정유탑과 큰 파이프들이 가득한 공장이 보인다. 사람을 압도하는 풍경이다. 드넓게 펼쳐진 공단에는 엄청나게 많은 파이프가 햇빛을 받아 번쩍거린다. 수많은 탱크와 각종 설비들이 파이프와 함께 끝없이 펼쳐져 있다. 20세기 산업을 상징하는 단 한 장면을 꼽는다면 울산의 석유화학단지가 아닐까?

거대한 위용을 자랑하는 울산의 석유화학단지는 대한민국 산업의 기틀과 뼈대를 이루어낸 곳이기도 하다. 울산은 대한민국 최대의 공업도시이다. 교과서로만 배웠던 1962년 1차 경제개발 5개년 계획이 시작되었던 곳도 바로 울산이었다. 어쩌면 지금의 대한민국이 시작된 기점은 1962년 울산공업센터 기공식일지도 모른다. 시멘트, 정유 등 기간산업을 육성해 자립형 공업국가로 가겠다는 뜻이 울산에 펼쳐졌다. 1964년 대한석유공사의 울산정유공장이 준공되었고, 이후 영남화학과 한국비

료공업 등이 들어오고, 현대자동차 울산공장도 지어졌다. 3차 경제개발 5개년 계획 때에는 중화학공업 육성 정책에 따라 석유화학 공장 8개가 추가되었고, 현대조선 울산조선소가 미포지구에 자리 잡았다. 그렇게 울산은 대한민국 최대의 중화학공업단지로 발전했다.

대한민국 근대화의 상징, 대한민국 최대 수출 거점이자 산업수도가 울산이다. 대한민국의 경제발전을 주도한 울산의 중화학공업 발전은 수많은 노동자를 울산으로 불러 모았고, 울산은 한국 최대의 노동자 밀집 지역으로 자리 잡았다.

1987년 노동자 대투쟁의 시작도 울산이었다. 6월 항쟁을 통해 사회 전반에 민주화의 바람이 불자, 울산공장 노동자들이 가장 먼저 노동조합 결성대회를 열었고, 곧이어 전국으로 번졌다. 이후로도 현대중공업과 현대자동차 등의 제조업 노동자들은 대한민국 노동운동에서 핵심적인 역할을 담당해왔다. 울산의 정규직 노동자들은 상당한 정도로 사회경제적 권리를 획득하였을 뿐 아니라 정치적으로도 일정한 입지를 확보하게 되었다.

이러한 울산의 석유화학단지를 오로지 두 손으로 일궈낸 사람들이 플랜트 노동자들이다. 2023년을 기준으로만 보아도 대한민국 수출 실적 3위는 석유화학 제품이다. 1위는 반도체, 2위는 자동차, 그리고 3위가 석유화학 제품이다. 우리나라는 원유가 나오지 않지만, 울산의 석유화학단지에서는 수입한 원유를 정유하고 가공하여 만든 제품을 전 세계에 수출한다. 대한민국이 세계 10위권의 경제력을 가진 OECD 가입국으로 성장하기까지, 세계 최고 수준의 산업단지를 건설하고 유지·보수하며 누구보다 피땀 흘리며 일해온 사람들이 플랜트 노동자들인 것이다.

2024년의 플랜트 노동자

플랜트 노동자는 생산설비의 제조, 보수 등에 종사하는 노동자를 통칭한다. 즉, 제품을 생산하기 위한 공장을 건설하거나 그 공장을 유지보수하는 업종에 종사하는 노동자들이다. 울산의 플랜트 노동자들은 계전, 기계, 도장, 배관, 보온, 비계, 여성, 용접, 제관, 탱크 등의 일을 하며 노동조합 또한 이렇게 10개의 분회로 구성되어 있다. 10개의 분회 밑으로는 지역별로 소대가 짜여 있다.

2014년 이후로 10년이 넘는 기간 동안, 울산에서 노동절 행사가 열릴 때면 플랜트노동조합에서는 1,000~1,500여 명의 조합원이 참가하고 있다. 수많은 노동조합이 활성화된 울산에서도 그 어떤 노동조합보다도 가장 많은 인원이 참가하고 있는 것이다. 그만큼 전국플랜트건설노동조합 울산지부의 결속력과 단합력이 뛰어난 것이다. 또한 전국플랜트건설노동조합은 지역별로 한 달에 한 번씩 정기모임을 갖고 있다. 울산지부는 매달 셋째 주 금요일에 정기모임을 열고 있는데, 이 정기모임에 참석하는 조합원만 7,000여 명에 이른다. 정기모임에서는 지부장 투쟁사, 공지사항 전달 이후 분회별 모임을 진행한다.

전국플랜트건설노동조합은 직종별 기준 임금표를 만들어 이를 지켜나가고 있다. 우선 하루 8시간 근무로 오전 8시부터 오후 5시까지를 1

공수로 한다. 또한 주차와 연차, 유급 휴일을 인정받게 되었다. 주차의 적용은 관계 법령에 따라 1주일에 1공수를 적용하고, 연차의 적용도 관계 법령에 따라 1개월에 1공수를 적용한다. 한편 유급휴일도 새해 첫날은 1일, 설날과 추석은 3일, 법정공휴일은 1일, 노동자의 날과 정부가 정한 임시공휴일도 1일, 그리고 노동조합 창립일도 1일로 지정하였다.

경조사가 발생한 경우에는 단체협약상의 청원휴가도 주어진다. 청원휴가 내용은 아래와 같다. 본인 결혼 시 4일 유급 + 3일 무급, 자녀 결혼 1일 유급, 본인 또는 부모·장인·장모 회갑 1일 무급, 형제 결혼 1일 무급, 부모 칠순 1일 유급, 배우자 출산 10일 유급, 배우자 및 자녀·부모·장인·장모 사망 4일 유급 + 3일 무급, 조부모(처가 포함) 사망 1일 유급 + 2일 무급. 또한 여름휴가에는 2일의 유급을 포함한다.

단체협약상의 근무시간 중의 조합활동을 할 수 있게 되어, 조합의 요청이 있을 시 근무시간 중 월 1회 2시간을 조합활동 및 조합원 교육시간으로 유급 처리하여 인정받게 되었다. 상기의 시간은 매월 셋째 주 금요일 정기모임을 위한 시간으로 사용하며, 금요일 3시까지 정상근무하고 퇴근 조치한다.

단체협약상의 노동시간 및 휴게시간에도 변화가 생겼다. 토요일 및 휴일에 근무하는 경우에는 12시까지 근무 시 0.75공수, 15시까지 근무 시 1공수, 17시까지 근무하는 경우 1.5공수를 적용한다. 휴게시간은 오전 10시부터 30분, 오후 3시부터 30분이고, 기상청의 폭염특보 시에는 휴게시간을 연장한다. 또한 단체협약상 휴업보장 제도를 마련하여 정전, 단수로 인한 휴업기간, 자재 또는 장비수급 부족 시 휴업기간, 기타

귀책 사유로 휴업하였을 시 0.7공수를 보상한다. 비, 눈 등의 천재지변의 경우에는 출근 후 곧바로 퇴근 시 0.2공수, 10시 0.3공수, 12시 0.5공수, 15시 1공수를 지급한다.

이렇게 구체적이고 상세하게 만들어진 노동조건은 플랜트 노동자들이 안정적으로 일할 수 있는 노동환경을 제공한다. 하지만 땀의 대가를 인정받을 수 있는 노동환경이 처음부터 있었던 것이 아니다. 지금과 같은 강력한 노동조합이 노동자들을 위해서 많은 일을 할 수 있게 된 것 역시 처음부터 가능했던 일이 아니다.

플랜트 노동자들의 든든한 '빽'

플랜트 노동자들은 울산의 석유화학단지를 중심으로 한 대기업의 공장에서 일하지만, 이들 대기업에 고용된 것이 아니라 일거리를 하도급 받는 수백 개의 전문건설업체들에 고용되어 있다. 이들은 비정규직으로 프로젝트에 따라 보통 몇 개월씩 계약을 하고 일을 한다.

플랜트 노동자들은 소속된 회사도 없이, 계약기간도 짧게 이루어지는 일을 하면서도 강고한 노동조합을 만들었다. 이들이 만든 노동조합은 대한민국의 어떤 노동조합보다 강력하다. 현재 전국플랜트건설노조 울산지부의 가입자는 3만 명 가까이 된다.

"지금은 우리 노조원이 한 3만 명쯤 되는데, 처음에는 600명 가까이 되었어요. 아무래도 많은 사람이 아니니까, 이거 가지고는 SK 앞에 가서 우리가 아무리 강력하게 투쟁해도 재들은 눈도 안 깜짝거려요. 그러니깐 적은 인원 가지고 굉장히 강력한 투쟁을 해왔던 거지요. 그래서 지금도 그때 처음에 함께해주었던 사람들이 저는 눈물 나게 고마운 거죠. 그런 헌신적인 투쟁이 없었으면 우리 노조가 과연 성공할 수 있었을까 싶습니다." 박해욱 초대 위원장의 말이다.

이렇듯 조합원들이 땀 흘리는 보람을 느낄 수 있는 노동환경은 긴 시간 투쟁을 거쳐서 이루어낸 것이다. 플랜트 노동자들이 만든 강력한 노동조합은 1백 개의 전문건설업체로 구성된 협의회 및 미가입 업체들과 단체협상을 통해 노동조건을 지속적으로 개선해가고 있다. 플랜트 노동자들은 마치 연예기획사에 소속된 연예인들과 같다. 이들은 노동조합에 가입하면서 든든한 소속사를 뒤에 두고 활동하는 연예인처럼 자신이 하는 일에 더 집중할 수 있게 되었다. 근로계약부터 산업재해, 임금체납, 직장 내 괴롭힘 등의 문제를 함께 헤쳐나갈 든든한 '빽'이 생겼기 때문이다.

하지만 지금의 2024년은 2004년이 없었다면 존재할 수 없었다. 불과 20년 전인 2004년, 이들에겐 주차는 물론 유급휴일도, 청원휴가도 없었다. 심지어 이들에겐 밥 먹을 수 있는 식당이, 용변을 볼 화장실이, 작업복을 갈아입을 수 있는 탈의실이 없었다. 이들은 그저 불안정한 고용으로 고통받는 비정규·일용직 노동자, '노가다'였을 뿐이었다. 그런데 어떻게 이렇게 큰 변화가 만들어졌을까? 2004년 힘없는 그들이 어깨 걷고 함께 노동조합을 만들었기 때문이다. 2024년이 2004년을 돌아보아야 하는 이유이기도 하다. 그리고 플랜트 노동자들의 튼튼한 울타리가 된 노동조합의 중심에는 '이종화'가 있었다.

흰 구름 둥실 떠가고

아주 평안한 여름 한낮이다.

이럴 때 대청마루 끝에서

하늘의 뭉게구름을 바라보며

상상에 빠지던 어린 시절이 있었는데

지금도 그때 바라보던

구름의 모습이 생각나곤 한다.

여름 뭉게구름은

모양을 바꾸면서 편안하게 흘러가던

어린 시절의 편안했던 때를 떠올리게 한다.

감옥 창살 너머로 보이는 뭉게구름도 마찬가지로

마음을 편안하게 하는구나.

이종화가 당신에게 보내는 편지 _2013.07.16

하염없이 바라보던 뭉게구름

그가 43살이던 2004년 울산건설플랜트노동조합이 창립되었다. 당시 민주노동당 울산동구지구당 사무국장이던 그는 마치 기다렸던 것처럼 노동조합에 가입한다. 민주노동당이 가장 빛나는 순간, 그는 민주노동당을 떠나 이제 막 첫발을 뗀 울산건설플랜트노동조합에 들어간다. 그리고 20년을 플랜트 노동자들과 함께 노동자들의 삶을 개선하기 위해 온몸을 바친다. 그가 그렇게 헌신적으로 노동조합 활동을 할 수 있는 이유는 무엇이었을까? 그는 2013년에 자신의 삶을 정리하는 글을 남겼다. 중학생이던 딸의 숙제가 다른 사람의 일대기를 적는 것이었다. 딸은 아빠의 일대기를 쓰기로 했다. 당시 감옥에 있던 그는 딸의 숙제 덕분에 자신의 삶을 되돌아보며 정리할 수 있었다.

나의 가족

나는 1962년 11월 28일 경상남도 창원시 마산합포구 오동동에서 1녀 4남의 가정에 쌍둥이로 태어났다. 제일 맏이가 누나이고, 형이 두 명이었다. 우리 형제는 두 살, 세 살, 두 살 터울로 누나가 나보다 7살 많았고, 큰형이 다섯 살, 작은형이 두 살 위였다. 아버지는 배를 만드는 목수셨고, 어머니는 할머니와 동네 구멍가게를 하셨다. 가정형편은 동네에서 중간 정도는 되었다. 어머니는 내가 자라는 동안 구멍가게를 하면서도 쌀통 장사, 식기 장사, 스텐 칼 등 각종 부업을 하셨다.

누나는 공부를 잘했고 얼굴도 예뻤으며 매우 착해 동네의 모범생이자 꽃이었다. 작은형도 공부를 잘했고 얼굴도 잘생기고 모범생이었으며 부모님의 기대를 많이 받고 자랐다. 큰형은 장남으로 아버지의 기대가 높았으나 어려서부터 공부에 취미가 없었고 늘 놀러 다니고 말썽을 부리다 아버지에게 크게 혼이 나기도 했다. 그래도 큰형의 학업과 생활태도는 끝까지 고쳐지지 않았다.

안타깝게도 쌍둥이 동생과 나는 큰형 과에 속했다. 막내라 큰형처럼 아버지한테 많이 혼나지는 않았으나 장난이 심하고 공부도 하지 않았다. 주로 엄마한테 매를 맞고 혼이 많이 났으며, 작은형과 비교되며 나는 못났다는 열등감을 많이 느꼈다. 작은형은 어려서부터 따르고 싶으나 따라갈 수 없는 나의 우상이었다.

누나는 어린 내가 보아도 너무 착하고 예쁘고 마음씨가 고왔으며 부모님께 꾸중 한 번 안 듣고 자란 듯하다. 누나는 고등학교 진학 직전에 장티푸스를 앓아 한 달가량 학교를 못 갔다. 비교적 공부를 잘했던 누나는 당시 마산에서 제일 좋은 마산여고를 갈 수 있었는데, 이것 때문에 시험에서 떨어졌다. 누나는 실업계 고등학교인 경남여상에 진학하고 고등학교를 졸업하자마자 보험회사에 취직했다. 이후 그 직장에서 지금의 자형을 만나 22살에 일찍 결혼을 하고 지금까지 평범한 주부로 살고 있다.

쌍둥이 동생과 나

나와 쌍둥이 동생은 5살, 6살 무렵 1년 터울을 두고 각각 교통사고를 당했다. 둘 다 그때 사고로 사실상 한쪽 다리가 불구로 평생을 살게 되는데, 어릴 때 그 장애로 인한 열등감과 불편이 엄청나게 컸다. 목욕탕에 가는 것도 기피하게 되었고, 여름철에도 반바지를 못 입고 살았다. 다른 사람들의 시선을 받는 것이 힘들었고, 남들이 겪지 않을 불행을 겪는다는 생각으로 몹시 힘들었다.

자라면서 동생과는 특이한 정서적 갈등을 겪었다. 쌍둥이 둘이 똑같이 교통사고로 다리를 다쳤다는 운명이 마치 나를 보는 것 같아서 그렇게 싫을 수가 없었다. 동생과 동병상련을 느끼면서도, 쌍둥이라는 게 부끄러웠고 서로가 서로를 학대하듯 그렇게 싸웠다. 그냥 존재 자체가 싫었던 것 같다. 특별한 이유도 없이 만나면 싸운다고 표현하는 게 맞을 것 같다. 초등학교 4학년 때쯤으로 기억된다. 구멍가게를 하시는 할머니 앞치마에서 밤에 몰래 동전을 꺼내서 썼던 적이 있다. 용돈도 필요했지만 몰래 훔치는 그 일탈감과 모험심을 즐겼던 것이 아닐까 싶다. 쌍둥이 동생과 공범이 되어 할머니 동전을 털었으며, 이럴 땐 기꺼이 동지가 되었다. 이때를 제외하고는 이유 없이 싸운 일이 훨씬 많았다.

그러다 철이 들면서 중학교쯤부터인지 몸과 생각이 커가면서 거짓말같이 싸움이 뚝 끝났다. 누가 말려서도 아니고, 동생과 나 중에 누가 먼저랄 것도 없이, 이심전심으로 싸움이 멈춰졌다. 그 이후에 동생과는 사소한 말다툼 한 번 한 적이 없다. 정말 희한한 변화였다. 이후로도 쌍둥이 동생과 나는 사소한 갈등도 없이 형제 중에서도 각별하게 잘 지내고 있다.

어머니는 원래 나와 쌍둥이 동생을 안 가지려 했단다. 그런데 누나 위에 원래 있던 진짜 맏이 종대 형이 2살 때 체기로 급사하는 바람에 아이를 하나 더 낳게 되었고 그것이 하필 쌍둥이였다고 한다. 그때는 아기를 가진 상태에서 빨래도 하고 밥도 짓고 집안일을 다 했어야 하는데, 쌍둥이라 배 속에서부터 무척 힘드셨다고 한다.

쌍둥이 형제로 태어나고 자라면서 느끼는 것은 텔레파시가 통한다는 것이다. 어머니 배 속에서 함께 있어서 그런지, 동생과 나는 아프면 같이 아프고 동생에게 일이 있으면 내가 이상한 느낌을 받고, 동생도 마찬가지였다. 이런 경험을 많이 하였다. 이것이 어떤 과학적 근거가 있는지 모르겠지만, 어렸을 때 이런 체험은 더 많았던 것 같다. 자라고 각각 결혼하고 살면서 이런 느낌도 점점 흐려져가기는 했다.

외할머니와 나

쌍둥이를 낳고 나서 어머니는 집안일도 하면서 쌍둥이 둘을 키우기가 힘들어 쌍둥이 중 나를 외할머니한테 맡긴 듯하다. 태어날 때도 같은 쌍둥이지만 동생이 나보다 체중이 더 나가고 인물도 좋았다고 한다. 엄마 배 속에서 나는 동생한테 눌려서 불편했던지 태어나서 젖도 안 먹고 잠만 잤다고 한다. 외할머니는 아마 쌍둥이 우리가 태어나면서 우리 집으로 오셔서 함께 살게 된 것 같다.

나는 사실상 할머니 품에서 자랐다. 그래서 그런지 나는 어머니 정을 덜 느끼고 자랐던 것 같고, 어릴 적에는 할머니 손길이 더 많이 기억이 난다. 어머니한테는 주로 혼난 것만 기억이 나고 좋으면서도 엄하고 무서웠다. 어머니는 어딘지 모르게 엄하고 어려웠고, 투정도 부리고 마음대로 할 수 있는 상대는 할머니였던 것 같다. 외할머니는 내가 생각해도 막무가내로 내 편이 되어주셨고, 언제나 기댈 수 있는 존재였다. 외할머니는 내가 중학교 2학년 때 작은 외삼촌 댁으로 가셨는데 그때 엄청 울었던 기억이 있다. 죽을 것 같던 이별의 슬픔도 시간이 지나면서 잦아져가고, 나도 점점 자라면서 할머니 품에서 천천히 벗어날 수 있었던 것 같다. 성장기에 할머니는 나에게 어머니 같은 존재이셨다.

어릴 적 추억 중 교통사고로 힘들었던 점을 제외하면 비교적 우애 있는 집안 분위기에서 행복하게 살았던 것 같다. 제일 많이 혼났던 게 동생과 싸워서였고, 가끔씩 부모님의 부부싸움 장면이 생각나지만 비교적 화목하고 평범하였다. 할머니께 제일 따뜻한 정을 받으며 자랐고, 집 앞 도랑에서 물놀이하던 추억, 마루에 누워 하늘의 뭉게구름을 하염없이 바라보던 추억 등 어린 시절 추억도 가끔 떠오른다. 동네에서 또래 아이들과 숨바꼭질, 술래잡기, 딱지치기, 구슬치기, 말치기, 여름에는 수영, 겨울에는 스케이트 타기 등 정말 다양한 놀이를 하며 놀았다.

구멍가게를 했기 때문에 어릴 적에는 과자를 좋아하고 밥을 잘 안 먹었다. 어릴 때는 몸이 깡말라서 '빼빼'라는 별명이 있었다. 밥은 주로 된장찌개와 반찬으로 채소류, 해조류가 있었고 아버지께서 좋아하시던 생선이 종종 있었다. 누나가 간장에 참기름과 날달걀을 넣어 비벼주던 밥맛은 아직도 잊지 못한다. 중학생을 지나면서 식성이 좋아지고 먹성도 좋아지기 시작했다.

집안 분위기와 동네 풍경

아버지는 교육열이 높았고 집안에 대한 자부심도 대단했다. 전주 이씨 양녕대군파 21대손이라며, 지금은 몰락해 있지만 너희들을 잘 키워서 금의환향해서 고향 거제에 가겠노라는 말씀을 많이 하셨다. 어머니 집안도 당시에는 드물게 외삼촌들이 둘 다 대학을 나와서 배운 집안 분위기가 있었고, 작은 외삼촌은 고시공부도 하고 있어서 우리는 이것을 은연 중에 자랑으로 생각했다.

지금 생각해보면 아버지는 자부심과 의욕은 높았으나 실제 그것을 이룰 방법을 모르셨고 생활도 따라주지 못했던 것 같다. 아버지는 목수 생활을 벗어나고자 배 사업도 하고 공장도 하시는 등 여러 번 다른 일을 시도하셨지만 번번이 실패했다. 내가 중학교 다닐 때는 당시 부동산 투기 붐에 편승해서 제법 돈을 벌었으나, 얼마 뒤에 소송에 휘말리며 완전히 파산하게 된다. 이런 가정환경과 경제적 어려움이 나의 성장기에 영향을 미쳤다. 아버지는 야망도 높았고 재주도 있었으나 결국 실패를 면하지 못했다.

70년 초에 마산수출자유지역이 생겼다. 마을에 집들이 급속하게 들어섰고 객지에서 여성 노동자들이 몰려들었고, 우리 동네에도 개발 붐이 일고, 낯선 사람들이 늘어가던 풍경이 생각난다. TV에는 서부 영화가 한창 유행했으며, 또 팝송이 유행하던 시절이었다. 외지에서 온 여공들 때문에, 우리 동네에도 저녁이면 동네 형들이 수출자유지역 공장에 다니던 여공들을 꼬신다고 분주해하던 장면이 떠오른다.

고고가 선풍적인 인기를 끌면서 뜻도 모르면서 초등학교 5·6학년부터 팝송을 듣고 따라 부르며 왠지 우쭐대던 기억이 난다. 동네에서 총각이 다 된 형들이 이동식 전축을 구해서 팝송을 틀어놓고 바닷가에서 춤판을 벌이던 모습을 야릇한 흥분 속에 본 적도 있다.

살아온 흔적은 어떻게든 남아 있나니,
얼렁뚱땅 넘어가려는 생각은 잊어야 한다.
대충 눈에 보이는 대로 겉치레만 하고 넘어가려는 태도는
스스로를 속이는 것이고 결국 표가 나게 마련이다.
위대한 이상도 좋지만 나는 얼마나 진실되게,
자신에게 부끄럽지 않게, 또 자신을 속이지 않고 살고 있는가?
남의 시선만 의식하고 남의 평가만 바라고 살고 있지는 않은가?

치과에 누워 입을 벌리고 생각해보니
결국 나의 삶의 흔적도 이렇게 훤히 드러나 보일 텐데,
어리석게 안 보일 거라 믿고, 또는 착각하고 헛짓을 쌓고 쌓는 것이다.
반대로 세상은 참 쉽다. 스스로 떳떳하면 두려울 게 무엇인가.
'살아온 흔적은 그대로 남는다'
오늘 참 좋은 깨달음이다.

이종화가 당신에게 보내는 편지 _2018.03.15

산에 오르다

그는 평범한 어린 시절을 보냈다. 그는 외할머니 밑에서 사랑을 듬뿍 받으며, 1960년대의 여느 아이들처럼 마을을 마음껏 뛰어놀며 자란 호기심 많은 소년이었다. 다만, 쌍둥이 동생과 비슷한 시기에 교통사고로 다리를 다쳐 둘 모두에게 큰 상처가 남았다. 그는 다리의 상처를 안고 평생을 살아간다. 또 한편 동생과 텔레파시 비슷한 감정을 느꼈다는 것도 남다른 경험인 듯하다.

성장통

중학교 때는 교복을 입었는데, 여름에 하복을 입을 때 다른 친구들은 반바지를 입는데 나는 흉터 때문에 쌍둥이 동생과 함께 긴바지를 입었던 아픈 기억이 있다. 아마 이때 사춘기에 접어들면서 자신의 모습에 대해, 또 다른 사람의 시선에 대해 생각을 많이 했던 것 같다. 대부분 매우 혼란스러웠으며, 매우 고통스러웠던 것 같다.
그러다 중3이 되었고 당시에는 고등학교 진학할 때 시험을 쳤는데, 가장 좋은 마산고는 실력이 안 되어 응시도 못 했고, 그다음 마산상고가 있었는데 시험에서 떨어져 재수를 하게 되었다. 떨어진 학생들이 지원할 수 있는 후기 고등학교가 있었으나 너무 후져서 거기에 들어가면 애를 망친다고 해서 재수를 선택하게 된 것이다.

어려운 가정형편, 남들은 고등학교에 진학하는데 나는 재수한다는 자괴감, 한창 사춘기 시절에 겪는 성장통이 겹쳐서 나는 무척 힘들고 어려운 시기를 보냈다. 그런 와중에 공부를 가끔씩 하기는 했었던 것 같다. 밤늦게까지 책상에 앉아 공부를 하기도 했으며 이런 노력으로 다음 해에 인문계 고등학교에 진학하게 되었다. 고등학교 때는 쉬는 시간과 수업 후에 잠깐씩 공을 차고 놀았을 뿐, 대부분이 공부 시간이었다. 그때는 수업 후에도 당연히 야간 자율학습을 했고, 방학 때에도 공부하러 학교에 나갔다. 친구 관계는 대체로 원만했으나 조용한 편이었고, 내세울 것이 별로 없는 평범한 아이였다.

중·고등학교 시절 내내 교복을 입었고 당시에는 학생의 상징이 교복, 짧은 머리였다. 군인들처럼 짧게 머리를 깎고 교모를 쓰고, 교복을 입고 중·고등학교 시절을 보냈다. 학교 밖이라고 해서 사복을 입고 다닌 것도 아니다. 학교에서 입는 체육복, 교련복, 교복이 대부분 외출용으로 쓰였다. 시간적으로도 사복을 입을 일이 거의 없었고, 정서적으로도 개성을 살린 옷차림은 거의 신경쓸 수 없었다. 고2 때 혼자서 기차여행을 갈 때도 교련복을 입고 갔을 정도로 당시에는 교복·교련복이 학생들의 공식·비공식 옷차림이었다.

내가 학교 다닐 때는 대부분 이성 교제를 하지 못했다. 당시에 친구 집이 여학교 정문 앞인 녀석이 있었다. 그 집에 가는 시간을 잘못 맞추면 쭉 줄을 서서 등교하거나 하교하는 여학생들과 마주보고 걸어가야만 했는데, 그것이 왜 그렇게 창피하고 신경이 쓰였던지 기억이 생생하다.

기차 차창 밖으로 보이던 넓은 세상

고교 시절은 철도 제법 나고 자아의식도 생겨 비교적 착실하게 공부를 했고, 나는 특별할 것 없는 중간 정도 성적의 학생이었다. 당시에는 몰랐지만, 지금 생각해보면 친구들과 경쟁시키는 서열식 입시경쟁, 내신성적 제도에 불만이 많았던 것 같다. 친구들이 평소에는 같이 잘 놀다가도 시험 때만 되면 죽자고 공부하던 모습에 반발심이 생겨 나는 일부러 공부를 안 하고 시험을 쳤던 기억이 있다. 그래서 내신성적은 하위권을 맴돌았다. 그나마 다행스러운 것은 별도의 시험공부가 필요 없었던 모의고사를 치면 중·상위권이 나왔다.

가끔씩 소소한 일탈이 있었으나 대체로 매우 순하고 착실했던 것 같다. 학교생활은 재미는 없었으나 워낙 왕성한 호기심과 변화, 성장의 시기인지라 지겨움은 별로 못 느꼈고, 관심 가는 것도 많고 호기심도 많았으나 쭉 눌려 있었던 것 같다. 이런 불만과 호기심이 대학에 가면서 폭발적으로 표현되게 되는 듯싶다. 교복 벗고, 머리 기르고, 술집 드나들고 하면서 갑자기 어른이 되는 것이다.

또 무슨 이유에서였던지 일요일에 공부하러 학교에 갔다가 친구들과 자유에 대해 열을 내서 토론하곤 했던 기억도 난다. 중학교 재수하면서, 또 고등학교 시절을 거치면서 어릴 적부터 보아오던, 집에 장식처럼 꽂혀 있던 세계문학전집의 책들을 가끔씩 뽑아 읽었던 기억이 있다. 그때 읽었던 『카라마조프 가의 형제들』 등 도스토예프스키의 작품들이 지금도 기억에 남아 있다. 이때 책 읽었던 경험이 후에 내 독서 습관의 밑바탕을 이루었다. 중·고등학교 시절을 되돌아보면 누구 하나 손잡아 따뜻하게 이끌어준 사람이 없었던 것 같다. 나의 고민을 들어주고 나에게 방향을 제시해줄 사람이 없었다. 선생님도, 형님도, 부모님도 거의 도움이 되지 못했고 오직 혼자서 이리저리 부딪치며 배워갔던 것 같다.

한창 피가 끓던 고등학교 2학년 무렵, 무작정 마산역으로 어딘지도 모르는 역명으로 기차표를 끊었다. 그렇게 어디로 가는지도 모르는 기차를 타고 이름도 모르는 역에 내리는 혼자만의 여행을 몇 번 했다. 삼량진, 한림정 등 부산 쪽 낙동강 인근의 역들에 내려 주변을 몇 시간씩 배회하다가 돌아오곤 했다. 이때 울타리를 벗어나듯이 떠나던 여행의 기분, 모험을 떠나는 듯한 기분이 좋았던 것 같다. 기차를 타고 내리던 사람들의 모습, 기차 차창 밖으로 보이던 넓은 세상, 그 속에 살아가는 사람들 모습과 낯선 곳의 풍경들이 굉장히 인상적이었다. 여행에 대한 소중한 체험이었고 오랫동안 기억에 남아 있다.

이후 나는 이때의 체험을 살려 또 『리더스다이제스트』 등의 잡지에서 읽은 여행기에 자극을 받아 동네 뒷산이던 무학산을 야간에 혼자서 자주 오르곤 했다. 대학교 1학년 때는 지리산을 혼자서 텐트를 메고 들어가기도 했다. 당시 여행은 한창 성장하는 시기에 나의 호기심, 동경을 채워주는 수단이었다. 또 여행은 답답한 생활의 도피처였으며, 무엇보다 여행을 통해 많이 체험하고 새로운 것을 느끼는 것이 좋았던 것 같다. 부산대 1~2학년 시절은 사실상 백수로 지내면서 나는 혼자서 산을 오르는 시간을 더 많이 가졌다. 하루도 빠짐없이 99일 동안 산행을 한 적도 있었다. 이렇게 좋아하던 산행과 여행은 학생운동에 뛰어들면서 점점 할 수 없게 되었다.

대책 없이 낙관적인 경제 의식

내가 고등학교에 다닐 쯤에 집안 형편이 가장 어려웠다. 이 어려움은 대학 진학할 때까지 이어져 대학 입학금도 외삼촌의 보증으로 학자금 대출을 받아야 했으며 학교생활은 외삼촌 댁에서 숙식을 하면서 다녔다. 중학교 시절에도 형이 두 명이 고등학교에, 쌍둥이 두 명이 중학교에 다닐 때 등록금을 줄 형편이 못 되어서 형제들 중에 누군가 늦게 가져가야 할 사정이 생기면 대체로 내가 양보했던 기억이 있다. 나도 창피하고 싫었지만, 그만큼 다른 사람의 창피함도 이해했던 것 같다.

그런데 이상하게 집이 이렇게 어려운데도 자식들에게 아르바이트를 해서라도 돈을 벌어 오게 하는 것이 없었다. 어머니, 아버지는 아무리 어려워도 자식들에게 돈벌이를 보내지 않겠다는 자존심이 있었던 것 같다. 이런 면은 한편으로 어려운 중에서도 어려움을 덜 느끼게 하였고, 또 가난으로 인한 마음의 상처를 덜 받게 하기도 했다.

하지만 또 다른 측면으로 집안의 어려움을 나누어 질 줄 모르게 하고 무능하게 집에만 의존하게 하는 부정적인 영향도 있었다. 철이 늦게 들었으며, 나는 이후에도 경제적 문제에 대해 대책 없이 낙관적이고, 누군가에게 의존적이면서 자립성도 약하게 되었다. 작은형 같은 경우가 나보다 더 심해서 그 어려운 중에 근 10년 넘게 고시 생활을 계속했다. 결과는 시간 버리고 사람 버리는 대실패였다.

부산대 중어중문학과에 입학하다

고등학교 입시지옥에서 나는 그래도 또래들과 비슷하게 공부를 했던 것 같다. 모의고사 성적은 그런대로 잘 나온 편이었지만, 문제는 내신성적. 내신성적은 하위권이었다. 당시 학력고사 60%, 내신성적 40%를 적용하던 시절이니, 좋은 대학을 바라볼 수 없었다.

대학은 아버지에 의해 무조건 서울은 안 되고 부선에서 다니라는 가이드라인이 정해졌다. 집에 돈이 없다는 이유에서 부산 외삼촌댁에서 학교를 다녀야 한다는 것이었다. 원래 나는 농대에 관심이 있었다. 건국대 축산과에 가고 싶었으나, 사립대학이고 등록금과 생활비를 도저히 댈 수 없었던 집안 형편상 성적은 충분했으나 대학에 지망할 때에는 말도 꺼낼 수가 없었다. 당시 작은형도 부산대에 다니고 있어서 나도 학교는 부산대로 정해놓고 과를 선택했다. 특별히 생각해놓은 학과는 없었고, 당시 인기 있는 학과인 경영학과에 1지망을, 성적에 맞춰서 중어중문학과에 2지망을 넣었다. 결과는 1지망은 낙방, 2지망 합격이었다. 나는 전혀 생각도 하지 않았던 중어중문학과에 다니게 되었다.

학교에 입학을 하였으나 도무지 의욕이 없었다. 당시만 해도 중국어는 비인기 학과였다. 중국어를 배운다는 생각은 한 번도 해 본 적이 없는 데다가 입시 이후의 해방감으로 별다른 목표도 없이 술을 마시며 대학 생활을 보내고 있었다. 그렇게 지내며 5월쯤 되었을 때, 학과에 불만이 많았던 녀석들끼리 모여 가고 싶은 대학, 가고 싶은 학과를 가자는 이야기를 나누게 되었다. 그렇게 학과 친구 몇 명과 휴학을 하고 다시 입시공부를 하자는 모의가 이루어졌다.

다시 경남대 법대에 입학하다

이것저것 알아보고 휴학을 결행했는데, 아뿔싸! 병력 관계를 자세히 알아보지 않아, 휴학을 하자마자 7월에 군대 소집 신체검사를 받고 방위로 입대하게 되었다. 이 소집영장 통지로 나의 계획은 물거품이 되었고, 나는 복학을 하든지 내년에 다시 재수를 해야 하는 입장으로 몰렸다. 군대는 어릴 적 교통사고 영향으로 방위 판정을 받았다가 군대에서 재신검으로 면제 판정을 받고 제대하게 되었다.

그렇게 해서 결국 83년 한 해를 집에서 놀면서 진로를 정하지 못한 채 멍하게 보냈다. 자존심 때문에 다시 부산대 중어중문학과에 복학하기는 싫고 그렇다고 수험공부를 하고 싶은 마음도 없이 그냥 지냈던 것 같다. 그러다 연말쯤부터 다시 원래 꿈이었던 건국대 농대 축산학과를 장학생으로 입학하자는 목표를 정하고 다시 입시공부를 시작했다. 84년 한 해는 정말 열심히 공부했다. 집안은 여전히 어려웠지만 학원과 집을 오가며 공부에만 전념하던 때였다.

이렇게 공부를 잘 하다가 시험을 두 달 앞두고 갑자기 가을바람이 들면서 정말 이상하게 마음이 흔들리고 공부가 하기 싫어졌다. 그렇게 마치 무엇에 홀린 듯이 무력하게 공부를 안 하고 하는 일 없이 헛되게 시간을 보냈다. 10개월에 걸친 노력이 물거품이 되는 순간이었다. 결정적 시기에 한 달가량을 방황하다 마지막 한 달을 남겨놓고 마음을 수습하려고 노력했다. 하지만 마음만 바쁘고 공부가 잘되지 않았다. 독서실과 집을 오가며 시간만 보내다 결국 시험 일은 다가오고 말았다. 결국 시험 결과는 82년 부산대 진학할 때보다 더 나빴다.

참으로 참담한 심정으로 아무 대책 없이 시간을 보내고 있을 때, 당시 경남대에서 조교 생활을 하던 고향 선배로부터 연락이 왔다.

경남대 법학과에 응시해보라는 거였다. 내 성적 정도면 등록금 면제 장학생이 가능하고 학교에 들어오면 고시생을 위한 기숙사를 제공하니, 거기서 학교에 다니면 좋겠다는 의견이었다. 별다른 대책도 없었던 나는 일단 원서를 접수해보았고 장학생으로 선발되었다는 통보를 받았다. 돈이 안 들고, 기숙사에서 숙식을 제공하는 조건에 끌려 경남대 법대에 입학하게 되었다.

2

다시 돌아오지 않는 화살처럼

마음속에 걸리는 일은 해보면 답이 나온다.
막연히 걱정만 앞세워 시행하지 못하고
주저하고 미루는 사이에
일은 틀어지고 짐이 된다.
그러나 막상 두드리고 시도해보면
앉아서 걱정하던 것과 달리
길이 열리고, 쉽게 답이 나오는 경우가 많다.
하고 싶은 일, 걱정되는 일이 있으면
미루지 말고 바로 시도하라! 이것이 답이다.

이종화가 당신에게 보내는 편지 _2019.10.16

문제의식을 갖다

80년대 다른 대학생들처럼 그도 동기들과 어울려 놀며 대학을 다니다가 어느 순간 다른 세상을 만난다. 80년대 대학생에게는 자신이 알던 세계와 전혀 다른 세계를 만나는 일은 숙명과 같은 일이었다. 경남대 법대를 소개해주었던 고향 선배로부터 받은 책 『지식인과 허위의식』이 다른 세상을 열어주는 문이었다. 고등학교 시절 '자유'에 관해 토론하기도 하고, 호기심도 많았으나 눌려 있었던 것 같다는 그의 이야기처럼 그는 대학에서 세상에 대한 호기심을 풀기 위해 적극적으로 많은 것들을 스스로 배운다.

내가 알던 세상과 완전히 다른

나는 7급 공무원 시험 정도에 응시해볼까 하는 마음을 가지고 있었다. 그러나 나는 정작 크게 의욕은 없었으며 그저 돈 안 들어가고 대학을 다니니, 어울려 놀며 학교를 왔다 갔다 하는 생활을 하고 있었다. 그러던 중 나를 입학시킨 고향 선배로부터 학생운동에 대한 이야기를 듣게 되었고 그 선배가 보는 책들을 소개받게 되었다.

제일 처음 본 책이 한완상 교수의 『지식인과 허위의식』이라는 책이었다. 나는 깜짝 놀랐다. 책은 내가 그때까지 알던 생각과는 완전히 다른 생각을 보여주고 있었다. 세상과 사회에 대한 전혀 다른 시각과 내가 지금까지 생각해본 적도 없었던 '문제의식'이 온몸을 사로잡았다. 그 고향 선배와 막걸리를 마시며 많은 토론을 했으며, 나는 자발적으로 책을 읽으며 점점 더 빠져들고 있었다. 나는 비슷한 종류의 책들을 도서관에서 찾아 읽으며 자발적으로 소위 말하는 '의식화' 세계에 급속히 빨려들어갔다.

그러다 광주항쟁의 진실과 서울 학생운동의 투쟁 소식 등을 점점

대학생 때 모습, 오른쪽이 이종화 위원장

자세히 접하게 되었다. 경남대에도 학도호국단 폐지, 학생회 부활의 움직임이 있었으며 학생운동권이 서서히 형성되어갔다. 나는 그들과 별도로 혼자서 자발적으로 운동권이 되어가고 있었다. 그러다 85년 하반기 무렵에 학내 시위를 계기로 경남대 조직과 만나게 되었다. 즉시 합류하게 되었고, 나는 나이도 많고 공부도 제법 많이 되어 있어서 처음부터 진도가 빨리 나갔다.

2학년이 되었던 86년 당시 신민당과 민주화추진협의회는 대통령 직선제를 위해 개헌 서명운동을 위한 개헌 현판식을 전국을 순회하며 열고 있었다. 5월 10에 마산 공설운동장에서 현판식이 열릴 때 처음으로 대중 집회를 직접 보게 되었다. 5,000명~1만 명 정도의 시민들이 운집했는데 현판식을 마치고 도로를 따라 시가행진을 하는데 그 당시의 감격이 지금도 생생하다. 그때 대중들이 투쟁에 나서는 것을 처음 봤으며 그 힘이 대단하다는 것을 처음 느꼈다. 이후 학내에서 이미 활동하고 있던 학생운동 그룹과 자연스럽게 만나게 되고, 함께 학습도 하고 점차 한 몸이 되어갔다. 나는 예비역이라서 늦게 합류했지만 얼마 뒤부터 주도적인 역할을 하게 되었으며 학습에 대한 열정이 높아 이론·논리에서 상급에 속하고 있었다.

운동의 중심에서

경남대는 85년 학도호국단 폐지, 총학생회 부활 투쟁을 거치며 이미 학생운동의 불길이 지펴지기 시작했으며, 86년에는 직선제 개

대학생 때 모습, 왼쪽에서 두 번째가 이종화 위원장

헌, 학원 자율화로 전국 주요 대학이 전쟁터가 되었다. 거의 하루가 멀다 하고 시위가 벌어졌고, 86년부터 화염병이 날아다니며 급속하게 시위가 격화되었다. 경남대는 86년 가을 아시안게임 반대 투쟁을 거치며 당시 경남지역에서는 선도적인 학생운동 거점으로 자리 잡았다.

86년을 거치면서 전국의 학생운동은 더 거세게 타올랐으며, 갈수록 확대되어갔다. 겨울부터 87년 봄 개학 전까지 학생운동은 개학을 기다리며 많은 준비를 했다. 87년 개학과 함께 전국에서 직선제 개헌, 광주학살 진상규명 등 각종 이슈로 투쟁을 했다. 5월 광주항쟁 기념일을 맞아 호헌 철폐, 독재 타도의 함성으로 더 거세게 타올랐다. 마침내 6·10 국민대회를 기점으로 전국적 투쟁으로 터져 나왔다.

부산 서면에서 50만 명의 시민이 운집하는 가두투생이 벌어졌으며, 마산에서도 가두투쟁이 밤늦도록 이어졌다. 박종철 열사 고문치사 사건과 이한열 열사의 죽음을 계기로 투쟁은 더 이상 막을 수 없는 항쟁으로 타올랐다. 마침내 6월 29일 노태우 당시 민정당 대표의 직선제 수용 선언으로 항쟁은 일단락되었으나, 6월 항쟁의 여파는 사회 구석구석에 영향을 미치며 큰 변화를 일구어내었다.

나는 경남대 학생운동 조직에서 중심적 역할을 하며 항쟁에 참가했다. 내 생활과 꿈은 사회 변혁을 위한 삶에 맞춰졌다. 나는 모든 것을 다 바쳐 투쟁에 임하고 있었다. 이 시기가 내가 가장 열심히 살았던 시기이고, 가장 빠르게 성장했던 시기이고, 가장 치열하게 살았던 시기였던 것 같다. 이 시기에 나는 생각도 성격도 정서도 다 바뀌었으며 다시 돌아오지 않는 화살처럼 살고 있었다.

공무원 시험 준비를 생각하며 그저 놀면서 학교를 다니던 그에게 무슨 일이 생긴 것일까? 도대체 무엇이 그를 '다시 돌아오지 않는 화살처럼' 살게 했을까? 그는 '지금까지 생각해본 적도 없는 문제의식이 온몸을 사로잡았다'고 하였다. 그의 온몸을 사로잡은 문제의식은 무엇일까?

『지식인과 허위의식』을 만나다

그를 사로잡은 문제의식을 그가 읽었던 책 『지식인과 허위의식』의

저자인 한완상 교수의 이야기를 바탕으로 설명하면 이렇다. 문제의식은 내가 알고 있다고 생각했던 세상이 낯설게 보이는 순간 생긴다. 당연하게 여겨왔던 일에 의문을 제기하며 더 깊이 생각해보는 것이다. 우리가 당연하게 여기고 익숙하게 생각해왔던 것들은 교육을 통해, 또 언론을 통해 자주 듣고, 보던 것들이었다. 노동조합은 위험한 일이고, 노동조합을 하면 피해를 보게 되고, 노동자의 파업은 시민을 불편하게 만드는 이기적인 행동이라고 생각하는 것이다. 그런데 정말 그런가? 문제의식이 생기면 당연했던 것들에 의문이 든다. 문제의식은 오랫동안 익숙했던 자신의 시각을 바꾸는 것이다. 지금까지와는 다르게 세상을 보는 것이다.

문제의식은 마치 반전 영화와 같다. 영화 〈식스 센스〉는 영화가 끝나고 나서, 영화를 다시 처음부터 되짚어봐야 하는 영화다. 당연히 사람인 줄 알았던 주인공 말콤(브루스 윌리스)이 영화가 끝날 때가 되어서야 유령이었다는 것이 드러나기 때문이다. 그가 유령이었다는 사실을 가지고 영화를 처음부터 다시 되짚어보아야, 그때에야 비로소 우리는 영화를 제대로 이해할 수 있게 된다. '아! 그래서 이랬던 것이로구나.' 하면서 그 전 나의 인식이 잘못된 것을 알게 되는 쾌감이 있다.

80년대에는 그런 문제의식을 갖는 것이 비교적 쉬웠다. 현실과 진실의 격차가 너무나 컸기 때문이다. 80년대까지 우리는 군대와 같은 학교 분위기 속에서 잘못된 교육을 받았다. 언론은 군사독재정권을 찬양했다. '땡전뉴스'는 9시 뉴스가 시작하는 '땡'하는 소리와 함께 곧바로 '전'두환 대통령으로 시작되는 헤드라인뉴스를 이르는 말이었다. 심지어 소련군이 우리나라 민항기를 군용기로 착각하고 격추해 269명이 사망한 사고가 있던 날에도 첫 뉴스는 전두환이 빗자루를 들고 환히 웃으며 청소하고 있는 모습이었다. 당시 언론에 의하면 80년 광주는 불순분자들이 조장한 폭동으로 난리가 난 것일 뿐이었다.

광주의 진실을 보고, 말끔하게 차려입은 권력자들이 폭도였다는 사실에 어찌 놀라지 않고, 분노하지 않을 수 있을까? 당시에는 많은 사람이 부당한 정권과 부정한 권력의 모습을 비교적 쉽게 볼 수 있었다. 거짓으로 점철되어 있었기 때문에 역설적으로 진실을 보려고 하면 쉽게 볼 수 있었던 것이다. 자신이 자라면서 보고, 듣고, 배웠던 것이 거짓이라는 사실을, 내가 가졌던 인식이 잘못되었다는 사실을 알게 되는 순간 새로운 세상이 펼쳐진다.

잘못된 현실을 바꾸기 위해

한완상 교수는 문제의식을 갖기 전의 익숙한 의식을 '허위의식'이라고 했다. 90년대 초 주병진 씨가 사회를 보던 〈일요일 일요일 밤에〉라는 프로그램이 있었다. 그 프로그램의 작은 코너에서는 '경제'라는 이름의 개그맨이 등장해서 매번 절체절명의 위험에 처했다. 그러면 항상 어머니 역할의 개그맨이 등장해서 "경제야~ 경제야~"를 외쳤다. 마지막은 항상 '죽어가는 경제를 살립시다'라는 자막으로 프로그램은 끝났다. 최소한 나에겐 그 뒤로 우리나라의 경제가 좋았던 적은 단 한 번도 없었다.

경제가 죽어가는데 노조가 파업을 해서 되겠는가? 죽어가는 경제를 위해서 국민들이 힘을 합쳐야 하지 않겠는가? 이런 익숙한 생각들이 모두 허위의식에 해당한다. 허위의식은 가진 자들의 시각이었다. 문제의식은 가진 자들에 의해 형성된 왜곡된 시각을 바로잡아 진실을 볼 수 있게 했다. 문제의식을 가진 사람들에겐 '정의사회 구현'을 외쳤던 전두환 정부는 가장 정의롭지 못했다. '보통 사람'이라던 노태우는 전두환과 함께 내란을 주도했고, '자유'를 수도 없이 외치는 윤석열 정부는 입을 틀어막으며 언론의 자유를 무참하게 짓밟는다.

또 한편 문제의식은 자기 자신의 삶을 벗어나 주변 사람들의 삶을 조망할 수 있게 한다. 문제의식은 '나'를 객관적으로 바라보게 만든다. 다른 사람들을 통해 나 자신을 비추어보는 것은 사회 속의 자아를 발견하는 일이다. 사회 속의 자아를 발견한다는 것은 사회와 자신의 관계를, 또 사회 속에서 자신의 역할을 생각하게 된다는 뜻이기도 하다. 따라서 문제의식은 타인과 함께 살아가는 방법을 고민하게 만든다. 또한 조금이라도 더 많은 사람과 함께 행복하게 살 수 있는 사회를 위해 행동하게 만든다.

대학생 이종화는 문제의식을 통해 '사회 속의 나'에 눈을 뜬다. '내 삶'만 생각하며 살던 그에게 '다른 사람들의 삶'이 보이기 시작했던 것이다. 우리 사회에서 힘겹게 살아가는 수많은 사람을 그는 보았다. 열심히 살아가는 그들에게 더 큰 고통이 따르는 이 사회가 이상했다. 세상의 부조리함을 보고, 무엇인가를 바꾸어야겠다는 생각을 하게 된 것이 아닐까? 그래서 그는 개인적인 성공이 아니라, 우리를 얽매고 있는 억압된 현실을 풀어내기 위한 방법을 찾으려 했다. 더 많은 사람이 행복한 사회로 가는 것이 역사 발전이라는 역사의식도 그렇게 만들어졌을

터이다.

하지만 문제의식을 가졌다고 해서 그것을 자신의 삶으로 실천하는 것은 쉬운 일이 아니었다. 새로운 세상을 보았다고 해서 그곳을 향해서 쉽게 발을 내밀 수는 없었다. 진실을 보는 것과 진실을 향해 발을 내딛는 일은 완전히 다른 일이기 때문이다. 80년대 그때는, 발을 내딛는 순간 완전히 다른 삶을 살아야 한다는 것을 모두가 알았다. 진실을 향한 길에는 고난과 시련이 가득했기 때문이다.

뒤돌아봐서 후회가 없는 삶이 없겠지.

나는 후회하면서도

너무 심하게 자신을 나무라지 않으려 한다.

오히려 나를 위로하고

앞으로 고쳐서 더 잘하라고 격려해주고 싶다.

서툴렀지만 오히려

잊지 말아야 할 소중한 것이 있었다고 생각한다.

비록 부족했지만

나쁘지는 않았다고 토닥이고 싶다.

이종화가 당신에게 보내는 편지 _2014.01.25.

항상 같은 자리에서 빛나는

더 멀리, 또 깊게

"아마도 종화 형이 나에게 보내준 신뢰 때문인 것 같아요. 내가 지금까지도 노동운동, 통일운동을 할 수 있던 힘이 생긴 것이 말이죠."

그와 학생운동 시절을 함께 보낸 후배 강인석 씨의 말이다. 후배들에게 선배 이종화는 어떤 사람이었을까? 그 시절 그는 스스로 성격도 정서도 다 바뀌어 오로지 운동을 위해서 살았다고 하였다. 강인석 씨는 이종화 선배를 '처음과 끝이 똑같은 한결같은 사람'이라고 했다. 학생운동을 하면서 만났던 많은 선배 중에서도 유독 든든했던 선배였다고 한다. 그가 대학에 입학했던 1987년은 한창 학생운동의 열기가 고조되었던 때였다. 수많은 대학생이 자신의 삶을 바쳐 진실을 밝히려 하였다. 그리고 87년은 역사의 흐름이 바뀌던 때였다. 그때 그도 종화 선배와 함께 '독재 타도', '호헌 철폐'를 외치며 거리로 나섰다.

"87년 6월부터 학교 분위기가 완전히 달라졌어요. 6월 전까지는 학교 안에서 사복 경찰들이 상주하다시피 했어요. 삭막한 분위기 속에서 숨어서 만나고, 조심스럽게 운동해야 했던 것이죠. 많은 사람이 함께 운동을 했지만, 전체적인 분위기는 대체로 조용할 뿐이었어요. 그런데 6월이 되자 분위기가 아주 달라졌어요. 학생들만이 아니라 시민들까지 적극적으로 합류하면서 큰 흐름을 바꾸기 시작했습니다. 정말 6월 한 달 동안은 거의 신발을 못 벗을 정도였으니까요. 6·29선언 때까지 매일 거리로 나갔어요. 보통 참가자가 이천 명에서 삼천 명 이렇게 되었어요. 나는 종화 형을 주로 시위 현장에서 만났지만 아마도 종화 형은 그런 시위와 집회를 계획하는 중심적인 역할을 했을 거예요.

그때 종화 형을 잘 아는 주변 사람들은 그를 '달건 형, 달건 선배, 달건아'라고 불렀습니다. 사실 달건이는 종화 형하고는 잘 어울리지 않는데요, 달건은 '건달'을 뒤집어서 한 말이거든요. 80년대는 정말 엄혹했어요. 그때 학생운동을 한 사람들은 누구나 별명이나 가명 하나는 가지고 있는데 종화 형의 가명이 바로 '달건'이었어요.

제 기억으로는 6월 10일인 듯하네요, 창원대와 함께 공동 집회를 개최하면서 마산 공설운동장으로 갔어요. 그때 대통령컵 축구대회가 열리고 있었거든요. 축구 경기 구경 온 관중들이 시위대에 합류하면서 마산 가야백화점으로 갔어요. 가면서 집회 대오가 계속 늘어났어요. 격렬하게 싸우기도 많이 싸웠고요. 그런데 종화 형은 겁이 없었어요. 나도 좀 겁이 없는데, 종화 형은 나보다 더 겁이 없어요. 하하하. 그래서 항상 든직했어요. 종화 형하고 같이 있으면 왠지 안전하다는 느낌이 들었어요. 그리고 그때는 내가 어려서 그랬겠지만, 종화 형은 더 멀리, 또 깊게 보고 있다는 생각도 많이 들었어요.

나를 믿어 주던 형

두 번 정도 됩니다. 종화 형이 전적으로 나를 믿어주었던 것이. 한 번은 전국적인 결사대를 만들고 거기에 들어갈 인원을 선발하는데 제가 지원을 했거든요. 그런데 제가 학년이 낮다고 반대하는 사람들이 있었거든요. 그런데 종화 형이 지지를 해줘서 들어갈 수 있었어요. 또 한번은 경남대에서 특별 위원회를 만드는데 종화 형이 나를 위원장으로 추천을 해주었지요. 사실 나에게만 그런 것은 아니에요. 당시 종화 형은 일을 맡길 때, 일만 주는 것이 아니라 당신이 가진 믿음까지 주었다니까. '너를 믿는다'는 강력한 신호를 눈빛과 몸짓으로 전달해줘요. 제대로 안 할 수가 없는 거지, 뭐.

종화 형이 1988년에 총학생회 회장으로 출마를 합니다. 출마를 하긴 했는데 떨어졌어요. 그때는 총학생회 후보에 출마하면 두루마기를 입는 경우가 종종 있었거든요. 까만 두루마기에 붉은 머리띠를 두르고 유세하던 때가 지금도 또렷이 남아 있습니다. 그 후에 총학생회 간부를 맡게 되고, 3차례에 걸친 구속을 반복했어요. 당시 학생운동을 좀 한다 하면 감옥살이는 일반적인 것이었지만 종화 형은 '징역복'이 많았어요. 그런데 집시법 위반, 국가보안법 위반 등으로 세 번이나 구속되었어도 종화 형의 결기는 늘 그대로였습니다.

한 번은 2013년인가 2014년이에요, 형이 강의를 하러 왔어요. 오랜만에 형 만나서, 강의가 끝나고 나서 식당에서 밥을 같이 먹고, 기차를 태워서 보내는데…. 형이 어디 잠깐 갔다 올게 하면서 조금 있다가 돈을 찾아온 거야. 나한테 100만 원을 쥐여주면서 '힘든데 조금이나마 보태라' 그러면서 그 돈을 주더라고. 사실 내가 그때 경제적으로 좀 힘들 때였어요. 그런데 어떻게 그걸 알아서 그랬는지 몰라. 원래 어려울 때 받는 도움이 크게 느껴지거든요. 정말 고마웠지.

나에게 형은 북극성 같은 존재였어요. 항상 같은 자리에서 빛나는 사람이었지. 나만 그렇게 생각하는 게 아니라, 내 주변에 형 아는 사람들도 많이들 그래요."

감옥에 가다

'항상 같은 자리에서 빛나는 사람'이라는 강인석 씨의 말처럼 그는 흔들리지 않고, 변함없이 싸워나갔다. 그는 문제의식을 가졌고, 그것을 자신의 삶으로 실천해나갔다. 그는 끊임없이 더 많은 사람이 행복할 수 있는 길을 찾았고, 그 길을 향해 뚜벅뚜벅 걸어나갔다. 발을 내딛는 순간 완전히 다른 삶을 살아야 한다는 것을 알면서도, 그는 자신이 본 새로운 세상을 향해 성큼 발을 내밀었다. 그는 그의 말처럼 '생각도 성격도 정서도 다 바뀌었으며 다시 돌아오지 않는 화살처럼' 살았다. 그렇게 살 수 있었던 이유는 무엇일까? 가치 있는 삶에 대한 믿음이 있었기 때문이었다. 그리고 그의 삶에는 고난과 시련이 함께했다.

7월이 되자 울산 현대중공업을 시작으로 노동자 대투쟁이 전국적으로 일어났다. 7·8·9 노동자 대투쟁, 6월 항쟁의 승리 여파로 그동안 잠자고 있던 노동운동이 거대한 힘을 보여주며 깨어나기 시작했다. 이 기간에 전국에 노동조합이 3,000여 개가 만들어졌으며, 노동자들이 움직이며 우리 사회의 뿌리를 뒤흔들었다.

88년 5월쯤 나는 첫 구속을 당한다. 87년 대통령 선거에서 KAL기 폭파사고가 큰 영향을 미쳤고, 이슈가 되었다. 당시 이 사건을 두고 여러 가지 의문들이 있었으며, 학생운동 세력은 이것을 게시판을 통해 적극적으로 알려나갔다. KAL기 폭파사건에 대한 진상규명을 요구하는 대자보가 전국 게시판에 배포가 되었고, 경남대 게시판에 붙은 대자보의 주범으로 내가 지목되었다. 당시 노태우 정부는 공안정국을 조성하기 위해 이 사건을 빌미로 탄압을 가해 왔고, 이 사건으로 나는 국가보안법 위반으로 구속되었다.

6개월 감옥에 있다가 노태우 정부의 양심수 대사면으로 풀려났는데, 이때 나는 더 확실하게 사회 변혁을 해야겠다는 생각을 갖게 되었다. 언제나 그렇지만 감옥에서의 생활은 고도의 명상 장소이고, 자신의 약점을 되돌아보고 치유하는 공간이기도 하다. 당시 나는 거칠 것 없는 한창 혈기 왕성하던 시절이라 예민하던 감수성으로 내 삶과 운동의 의미에 대해 깊이 성찰할 수 있는 기회를 가졌다.

나는 88년 겨울 석방이 되자마자 학교로 복귀해서 더 왕성하게 활동을 벌여갔다. 89년에는 전교조가 탄생해서 선생님들이 쫓겨서 경남대로 피신해 오고 우리가 선생님들을 지켜 밤을 새우던 기억이 새롭다. 선생님들이 노동조합을 결성하고 민중운동에 합류함으로써 우리 사회에 또 큰 파장을 불러왔다. 당시는 운동이 승승장구하며 계속 외연을 넓혀갔다.

노동자들 속으로

90년 더 이상 지배질서를 유지하기 힘들었던 노태우 정권은 당시 야당이었던 김영삼, 김종필과 함께 3당 합당을 선언하게 된다. 야당이 여당이 된다는 것은 국민 정서적으로 맞지 않았다. 국민들은 그들의 합당을 야합이자 배반으로 받아들였고, 전국에서 규탄시위가 벌어졌다. 나는 이 일로 두 번째 구속을 당한다. 당시 마산 신민당 항의 투쟁으로 수배령이 떨어졌고, 나는 1년 3개월의 도피생활 끝에 붙잡혀 1년 6개월의 실형을 살게 된다.

1년 3개월 남짓의 수배 기간에 나는 중요한 체험을 했다. 학교 안에서만 활동하던 내가 학교 밖의 사회 경험을 하게 된 것이다. 부산 동삼동에서 신발공장도 다녀보고, 양산공단으로 자리를 옮겨 컨베이어 벨트 체인을 만드는 공장에 다녀보는 경험을 하게 된 것이다. 나의 처음 공장 생활이었으며 학생운동 할 때는 느껴보지 못했던 것들을 많이 느낄 수 있었다. 노동의 가치와 의미를 생각해보게 되었고, 피상적으로 알던 노동자들의 생활과 정서를 이해할 수 있었던 소중한 시간이었다. 나는 노동자들 속으로 흠뻑 빠져서, 그들에게 많은 것을 배우며 일했다.

공장에 취업하고 있으면 체포될 위험이 줄어들고 또 노동운동까지는 아니지만, 노동자들의 삶을 직접 느낄 수 있는 소중한 기회였다. 이때의 경험이 이후 플랜트노조 활동에 큰 도움이 되었다. 또 한편으로 당시에 궁핍하게 살았던 나에게 일해서 버는 돈은 참으로 소중하게 쓰였다. 아마 거의 처음으로 빈대 신세에서 벗어나 술값도 내고, 내 스스로 살아갈 수 있었던 것 같다. 머리에 퍼머를 하고, 안경을 벗고, 콘텍트렌즈를 끼고, 학교 앞에 가끔 가도 후배들도 나를 알아보지 못했다. 얼마나 우습고 통쾌하던지.

그러다 좀 더 제대로 수배 기간을 이용하기 위해 울산으로 거처를 옮겼다. 당시 울산은 노동운동의 중심지였다. 뿐만 아니라 내가 88년에 구속되었을 때, 옥중에서 현대중공업 노조 설립을 주도한 분들을 만났다. 그때 만났던 분과 이야기를 나누고 울산으로 이사를 하고, 조심스럽게 직장을 알아보았다. 장기간 다른 사람의 신분으로 노동운동을 하면서 공소시효를 넘기도록 수배 생활을 할 계획이었다. 당시 부산에서 식당을 하고 계셨던 부모님께 장기간 못 올 것이지만, 살아갈 방편을 마련했으니 걱정하지 마시라고 인사를 드리러 갔다. 하지만 그날 그만 체포되고 말았다. 1년 넘게 도피 생활을 했으니 잠시 부산 집에 들르는 것은 괜찮을 거라고 생각했던 것이 잘못이었다. 앞집에 경찰 부탁을 받은 신고자가 있었던 것이다. 이때 구속으로 1년 6개월 실형을 살고, 92년 가을쯤 순천교도소에서 출소했다.

구속되어 있는 기간에 소련과 동구권 사회주의 진영이 무너지는 사태가 생겼다. 사회주의 사상에 영향을 받고 있던 운동권에 엄청

1992년 무렵 친구들과 함께, 오른쪽이 이종화 위원장

난 사상적 혼란이 왔으며 운동 진영에도 큰 영향을 미쳤다. 이때 옥중에서 운동을 포기하는 친구들도 있었다.

출소해서 나와 보니 수배에서 구속까지 3년여의 기간 동안 학교는 완전히 변해 있었다. 학교 동료들은 졸업 등으로 거의 자리를 떠나고 후배들만 일부 아는 사람이 보였다. 운동권도 힘이 많이 빠져 어수선한 상황이었다. 학교는 더 이상 내가 있을 자리는 아니었다.

구식이 된 운동권

80년대 많은 학생이 '문제의식'을 가지고 부당한 세상에 맞서 싸웠다. 그도 그런 학생 중 하나였다. 하지만 세상은 80년대에 멈춰 있질 않았다. 그가 감옥에 있었던 1991년 12월 소련이 무너지고 사회주의의 대혼란이 일어났다. 20세기를 주름잡았던 냉전 시대가 끝나는 듯했다. 자본주의와 사회주의 간 체제와 이념의 전쟁에서 자본주의 세력이 일시적으로 승리하는 듯했다. 거기에 더해 직선제를 통해 형식적인 민주주의의 틀이 잡혀가고 있었다.

그뿐만이 아니다. 1992년에는 '서태지와 아이들'이 〈난 알아요〉를 외치며 등장했다. 1993년 문민정부가 들어서면서 그동안 대결해왔던 군부독재 세력은 없어졌다. 이로 인해 운동 진영에서 이탈하는 활동가와 학생들이 늘어나고, 대학 사회 전반에 정치적 무관심이 팽배해지기 시작했다. 화염병을 원하는 곳에 백발백중 꽂아 넣던 선배도, 백골단 세 명과 홀로 맞짱 뜬 선배도, 시위대를 신출귀몰하게 이끌었던 선배도, 잊을 수 없는 감동의 연설로 길이 남은 선배도 모두 그저 술자리의 이야깃거리가 되었다. 이제 운동권은 전설 속의 옛날이야기가 되어갔다.

포스트모더니즘이 유행하고, 소비문화가 확산되고, X세대가 등장했다. '세계화'가 새로운 세상을 열어낼 것만 같았다. 운동권은 멋있고 무서운 존재가 아니라, 구식이 되었다. 세상이 변한 것이다. 세상은 빠르게 변해갔지만, 그는 자신의 속도로 천천히 성장할 뿐이었다. '처음과 끝이 똑같은 한결같은 사람'은 드물다. 다른 사람에게 그런 평가를 받는 일은 더욱 어려운 일이다. 더군다나 그는 평안하고 안정적인 길을 걸은 사람이 아니다. 그는 울퉁불퉁하고, 굽고 휘어진 길을 스스로 선택해서 부당한 세상과 맞서며 살아왔다. 어떻게 감옥을 여섯 번이나 갔다 오면서도 '항상 같은 자리에서 빛나는 사람'이었을 수 있었을까? 그는 어떻게 그럴 수 있었던 것일까?

여기서 한때는 잠도 푹 자고 심심하지 않을 만큼 책도 보고,
최대한 편하게 쉬었다 가자고 생각했으나
지금은 생각이 좀 바뀌었다.
법정 스님의 책을 보고 여기서도 '좀 빠근하게' 살기로 했다.
규율을 정해놓고 마음의 긴장이 늦춰지지 않게 생활해야겠다.
쉬자 · 늦추자는 게 좋게 보면 여유와 이완일 수 있으나
자칫하면 불성실한 생활 자세의 합리화일 수 있겠다는 생각이 들더라.
모든 것은 마음먹기, 습관 들이기 나름이고
지난 시간을 돌이켜보면, '빠근하게' 살았던 때가
제일 그립고, 뒤돌아봐도 마음이 편했던 것 같다.
서두르고 쫓기지 말자는 것이
게으르고 나태한 생활의 합리화가 되어서는 안 되겠지.
앉아 있다 피곤해서 휴식을 한다고 해도
잠시 눕거나, 일어나는 것이 효과적이지 아예 드러누워버리거나
앉아서 하던 일을 덮어버리는 게 휴식이 아니더라고.

이종화가 당신에게 보내는 편지 _2012.10.21

변해버린 세상

세상이 변했다. 눈앞에 명백하게 보이던 적이 사라졌다. 새로운 상품은 넘쳐났고, 사람들은 자신의 삶을 살기에도 바빴다. 무엇보다 자유로웠다. 학생운동을 했던 많은 사람이 세상 속으로 들어갔다. 누구는 정치권으로, 누구는 시민단체로, 누구는 직장인으로, 누구는 자영업으로 새 삶을 시작했다.

그러나 한편 세상이 변한 듯해도 삶의 고통은 여전했다. 변한 세상은 화려하고 복잡했다. 변화는 더욱 빨라졌고, 세상은 유행에 휩쓸려갔다. 삶의 고통은 더 가중되었지만, 고통을 주는 원인을 알기가 어려웠다. 눈에 분명하게 보이는 적이 있었던 때가 어쩌면 싸우기 더 좋았을지 모른다. 많은 것이 변해버렸고, 믿었던 동지들도 하나둘 곁을 떠났다. 그래도 그는 사회 변혁의 꿈을 놓지 않았다. 그가 있어야 할 곳은 노동 현장이라고 그는 생각했다. 그는 노동자로 사는 것이 자신이 걸어가야 할 삶의 길이며, 그곳에 답이 있을 것이라는 믿음을 놓지 않았다.

노동자로 살기로 하다

운동권에 큰 혼란이 왔으며 대중운동도 서서히 하향기를 겪고 있었다. 운동을 그만두는 사람들이 속출했으며 운동의 진로를 두고 도 혼란스러운 상황이 이어졌다. 나는 잠시나마 대학교에 머물며 92년에 졸업했다. 나는 혼란 속에서 무엇이 옳은가 분명하게 가늠할 수는 없었지만, 한 가지 원칙을 세웠다. 민중 속에서 노동자로 살다 죽겠다는 것이었다. 최소한 시류에 따라 왔다 갔다 하는 인간은 되지 말자! 이것이 나의 결론이었다.

당시 고향 마산·창원에서는 위장취업 단속이 심해서 공장에는 아예 취업하는 것조차 불가능했다. 나는 무조건 울산으로 가서 거기서 자리를 잡고 방법을 찾기로 했다.

막상 울산에 와보니 나 같은 학생운동 출신들은 이미 노동 현장에서 빠져나오고 있었다. 당시 만났던 88년 감방 동지 현대중공업 형님들은 “너보다 더 난다 긴다 하는 사람도 다 철수하고 있다. 현장에 더 이상 학생운동 출신들의 역할이 필요없다”는 이야기를 했다. 위장취업 단속이 심해서 주요 현장에는 들어가기도 힘들고 들어간다 해도 활동이 어렵고 이미 현장에 있던 학생운동 출신들도 빠져나오고 있는 상황에서 나의 자리는 없어 보였다.

일단 나는 ‘미포만 인쇄소’라고 현대중공업 노조 해고자들이 만든 출판사에 사람이 필요하다 해서 그곳에 취직을 했다. 주로 노조 유인물을 찍어내던 곳이었다. 그곳이 생활의 기반이 되어 93년 1월에 결혼식도 하고 살림집을 차리고 본격적인 울산 생활을 시작했다. 결혼하고 얼마 뒤 출판사를 그만두고 조그만 중소기업에 관리직으로 1년 정도를 다녔다. 이 기간에 울산 환경에 적응하고 내가 가고 싶던 현장에 실제로 갈 수 있는 방법을 찾았다. 노동자로 살기로 했으니 기술도 익혀야 하고 현장 생활도 배울 수 있을 것 같아 미포조선 하청업체에 들어갔다. 미포조선 하청업체에서 4개월 정도 일을 하다가, 거기서 플랜트 계통에 종사하는 사람들을 만나 자연스럽게 플랜트 일을 배우게 되었다. 당시에는, 뒤에 이 인연이 내 운명을 바꾸게 될지 몰랐다.

그렇게 해서 플랜트 건설 현장을 옮겨 다니는 플랜트 건설 일용공으로 95년 봄부터 97년 12월까지 일하게 되었다. 나는 현장에 빠져 일하는 즐거움으로 세상을 잊고 살았다. 돌아보니, 이때가 내 일생에서 근심·걱정 없이 가장 마음 편하게 살았던 시간이었다. 모처럼 적은 일당이지만 예전에 비해 제법 돈을 버는 재미를 느껴보기도 했다.

현장에서 자리도 잡히고 기술도 늘어 기능공 반열에 막 오른 시점에 또 한번 운명의 장난 같은 일이 벌어진다. IMF가 찾아온 것이다. 97년 11월 IMF 사태가 터지면서 건설 현장이 멈췄다. 공장 증설이 중단되면서 기능공들 70~80%가 실업자가 되었다. 임금이 일당 15만 원에서 5만 원까지 1/3로 떨어졌고, 그것마저도 자리가 없었다. 오래된 경력자들도 일자리가 없어 놀고 있는 판에 초보 기능공인 나는 더 일자리가 없었다.

성민이와 진주가 태어나다

97년 12월 8일 아들 성민이가 태어났다. 결혼 5년 만에 낳은 아들이라 귀하기도 하고 또 당시에 아내가 어린이집을 운영하고 있어서 몸조리 기간이라도 나의 도움이 필요했다. 일자리도 없이 돈벌이도 시원치 않고, 아들을 보니 일하러 가기도 싫었던 차에 나는 잘되었다는 심정으로 어린이집 승합차 운전기사가 되었다.

아침, 점심, 저녁으로 어린이집 승합차를 운전하고, 집에 와서 아들 보면서 노는 것이 너무 행복했다. 갓난쟁이 성민이를 배 위에 올려놓고 바라다보며 놀던 순간이 지금도 기억난다. 얼마나 이쁘고 신기하던지 먹고 자고 가끔씩 방긋 웃으면 온 세상이 꽃밭 같았다.

성민이가 태어나고 얼마 뒤에 다시 진주를 임신하면서 나는 집을 떠날 수 없는 형편이 되었고, 99년 5월 18일 진주가 태어나고 진주가 좀 자랄 때까지 집안일을 돌보면서 지내게 되었다. 성민이, 진주 둘 다 키울 때 천 기저귀를 사용했고, 이 똥기저귀 빨래를 내가 거의 도맡아 했다. 삶는 손빨래 힘이 많이 들기 때문에 나의 역할이 꼭 필요했다. 지금도 가슴 뿌듯한 자랑스러운 나의 임무였다.

그는 그의 바람대로 울산에서 노동자의 삶을 산다. 그는 플랜트 노동현장에서 보낸 3년 동안 '현장에 빠져 일하는 즐거움으로' 세상을 잊고 살았고, '근심·걱정 없이 가장 마음 편하게' 살았다고 했다. 하지만 당시에 플랜트 노동자는 매우 어려운 삶을 살았다. 월급도 매우 적었고, 노동환경도 좋지 않았다. 그런데 어떻게 좋지 않은 노동환경 속에서 힘든 노동을 하면서도 즐겁고 마음 편하게 지낼 수 있었을까? 그 이유는 무엇이었을까? 노동의 가치를 온몸으로 느낄 수 있었기 때문이었다.

현장 노동에는 만드는 일의 뿌듯함이 있다. 현장의 노동은 무질서한 자재들을 질서 있게 배치하고 고정하는 일을 한다. 수많은 자재는 모두 자신이 있어야 할 곳이 있다. 비슷하게 생긴 파이프도 다 정확하게 정해진 자신의 위치가 있다. 엉뚱한 곳으로 가면 큰일이다. 아파트 공사 중에 변기를 싱크대에 설치하면 안 되는 것처럼 말이다. 이곳저곳에서 들어온 재료와 자재들이 제 역할을 할 수 있도록 섞고, 붙이고, 연결되면서 공장도, 상품도 만들어진다.

자신의 손을 거쳐 파이프가 연결되고, 각종 장비가 제자리를 찾아 탑재되는 것은 사무실에서 서류를 만드는 것과는 전혀 느낌이 다르다. 정해진 작업 과정을 거치면서 무질서했던 물건들이 사람들이 사용할 수 있는 형태로 변해가는 과정은 큰 만족감을 준다. 물질을 물리적, 화학적으로 변화시켜가면서 사람이 사용할 수 있게 만들어가는 과정은 놀랍도록 흥미롭다.

무언가를 손으로 직접 조립하고, 자르고 붙이며 만드는 일은 큰 즐거움을 준다. 작은 일도 그 일을 하기 위한 준비과정이 있고, 문제를 해결하기 위해 사용해야 할 방법이 있다. 이런저런 문제들을 해결하면서 설비를 장착하고, 파이프를 연결하고, 밸브를 설치하는 즐거움이 있다. 물리적, 화학적 변화를 가하면서 정해진 형태로 물건을 만드는 과정에서 만족감과 희열을 느끼게 되는 것이다.

또 한편 현장의 노동자들은 일을 함께하면서 깊은 정을 느끼게 된다. 현장 노동자들은 서로 경쟁의식을 갖는 경우가 거의 없다. 각자가 각자의 일하는 방식으로 자부심을 가지고 있기 때문이다. 작업을 하는 사람들 모두가 같은 결과를 만들어내더라도 다 조금씩 다른 과정을 거친다. 현장 노동은 각자의 노하우를 쌓아가면서 경력과 기술을 높여간다. 그렇게 해서 숙련된 노동자들은 모두 자신만의 방법으로 일을 하게 되는 것이다. 그러니 누가 간섭하는 것을 싫어한다. '내가 다 알아서 한다'는 것이 현장 노동자들의 생각에 깊게 자리 잡고 있다.

현장에서 일하는 사람들 사이에 '끈끈한 정'이 흐른다. 함께 어렵고 힘든 일을 하는 사람들 사이에는 묘한 신뢰 관계가 만들어지는 것이다. 내가 겪고 있는 고통과 아픔을 아는 사람이 있다. 그래서 그들은 서로 '욕봐라'라는 인사를 건넨다. 그것은 '내가 너의 아픔과 힘든 노고를 알고 있다'는 뜻이다. '너 고생하는 거 내가 다 안다'는 따뜻한 관심과 서로의 노고를 알고 있다는 동질감의 표현인 것이다. 노동 현장에는 나의 노고를 알아주는 사람들과 함께 일하는 즐거움이 있다. 그것이 보이지 않는 끈끈함을 만든다.

그것뿐만이 아니다. 노동은 근본적으로 가치 있는 일이다. 우리들의 노동은 누군가에게 가 닿는다. 달력을 만드는 사람의 노동은 그 달력을 보며 즐거운 계획을 꿈꾸는 사람에게 가 닿을 것이며, 머그컵을 만드는 사람의 노동은 따뜻한 커피를 즐기는 사람에게 가 닿을 것이며, 자동차를 만드는 사람의 노동은 안전하고 편안하게 이동하는 사람에게 가 닿을 것이며, 공장을 만드는 사람의 노동은 그 공장을 일터로 삼아 무언가를 만들며 가족을 위해 노동하는 사람에게 가 닿을 것이다.

이렇게 그는 노동 현장에서 일의 재미를 느끼고, 동료애를 온몸으로 느끼며, 노동의 가치를 생각하며 일했다. 그러던 중 갑자기 발생한 IMF 사태로 그는 행복하게 일하던 일자리를 잃었다. 다행스럽게도 97년 12월 성민이가 태어난다. 성민이와 진주는 그에게 큰 선물과도 같았다. 그가 36살에 성민이가 태어났고, 38살에 진주가 태어났다. 평생 운동을 하며 치열하게 살아왔던 그에게 성민이와 진주는 잠시나마 세상을 잊고 지내게 하였다. 아래는 성민이와 진주에게 쓴 편지 중 일부이다.

성민아, 진주야!
아빠가 보고 싶어도 꾹꾹 참고 기다리자. 아빠도 늘 성민이, 진주 생각하면서 열심히 일하고, 많이많이 놀아줄 날을 기다릴게. 그때까지는 누가누가 더 열심히 자기 할 일 하면서 잘 기다리는지 내기하기다! 그때까지 아빠하고 편지 쓰기만 하면서 기다리고 기다리자. 오늘은 이만 줄인다. 안녕.

_2005.06.24

사랑하는 성민이, 사랑하는 진주!
오랫동안 아빠가 없어도 엄마랑 잘 지내기를 빈다. 열심히 공부하고 재미있게 놀다 보면 어느덧 봄, 여름, 가을, 겨울이 지나고 아빠가 집에 갈 것이야~ 아빠가 자주 편지할게. 잘 있거라.

_2005.09.29 성민이, 진주에게

성민이 우주비행사가 꿈이지. 아빠도 성민이 덕분에 우주여행 할 때를 기다리마. 우주비행사는 몸도 튼튼해야 하고, 공부도 많이 해야 할 거야. 어서어서 자라서 우주로 날아가자.

_2005.11.04. 성민이에게

3

한 치의 물러섬 없이

험한 세상을 헤쳐오면서 자신을 다잡아 세우고,
온갖 풍파를 헤치면서 목표를 향해 한 걸음씩 내딛어왔다.
상처와 결함이 있었지만
크게 방향을 잃지 않았고 근본을 지켜왔다.
내가 '냉철하다' 했는데, 왜 그런가 하면
미련이 없어서다.
어떻게 변할지 몰라도 구질구질하지는 않겠다는 게 내 생각이다.
운동에서도, 사람 관계에서도.
나는 포기하지 않는다.
그래서 더 큰 준비운동이 필요하고,
더 깊이 방황해야 하는지 모르겠다.
많이 아파야 병이 나을 것 같고,
떨어질 듯 외로워봐야,
영롱한 답이 나올 것 같다.

이종화가 당신에게 보내는 편지 _2013.05.28

동도의 땅에 뿌리 내리다

플랜트 노동자 이종화는 3년 동안 플랜트 건설 현장에서 일하는 즐거움으로 세상을 잊고 살다가 IMF를 맞았다. 마침 실직할 때에 맞춰, 아들 성민이가 태어나면서 한동안 집에서 지내게 되었고, 곧이어 딸 진주가 태어났다. 아이들과 함께 잠시 행복했던 그는 당시 울산지역의 선거운동을 도우며 정당 활동을 시작하게 된다. 2000년대 초반은 한국 사회에서 진보 정치가 크게 도약하던 때이다. 그때 그는 정당 활동을 통해 노동자들의 삶을 개선시킬 수 있겠다는 희망으로 정당 활동을 해나간다. 이어지는 그의 글이다.

민주노동당 당직자로 살다

이 시기에 98년 전국동시지방선거에서 울산 동구청장에 김창현 씨가 당선되는 이변이 있었다. 당시 운동권 출신이 자치단체장에 당선되는 것은 대단히 드문 일이었고, 진보 정치의 새로운 도약을 예고하는 것이었다. 그런데 98년 소위 영남위원회 사건이라는 공안 사건이 발생했고, 당시 동구청장 김창현이 구속되었다. 이후 99년 동구청장 보궐선거가 진행된다. 여기서 김창현 씨 부인 이영순 씨가 당선되었다. 이 두 번의 선거를 거치면서 그는 정당 활동에 더 깊이 관여하게 된다. 자치

단체장 선거의 성과를 업고 2000년 민주노동당 창당이 이루어졌으며 그도 입당을 했다.

2001년에는 민주노동당 울산동구지구당 사무국장을 맡았고, 2002년 지방선거에서 민주노총 위원장 출신 이갑용 씨가 동구청장에 당선되고, 북구청장을 비롯해 광역시의원과 구의원이 대거 당선되었다. 당시 민주노동당은 약진하고 있었으며 그도 정당 활동을 통해 노동운동을 지원한다는 생각을 하고 있었다. 그는 서서히 노동자를 위한 정당 활동을 자신이 할 일로 생각하며 지구당 사무국장으로 활동하고 있었다.

"병원에서 암 투병할 때는 통화를 몇 번 했는데 형은 처음에 가졌던 마음 그걸 끝까지 노조 활동 속에서 실현했던 것 같고, 후회 없는 삶을 살았구나 하는 생각이 들었어요. 정말 자신의 말처럼 자본과의 싸움에서 한 치의 물러섬 없이 살았으니까요. 일관성, 언행일치 그런 부분에서 종화 형을 많이 생각하는 것 같습니다."

그와 함께 민주노동당에서 활동했던 권기백 씨의 이야기다. 그가 동구청장 김창현 씨의 선거운동을 돕게 된 것도 당시 울산 동구지역에서 청년회 활동을 하던 권기백의 권유 덕분이었다. 이후에도 그는 민주노동당 울산동구지구당 사무국장으로, 권기백 씨는 기획국장으로 함께 활동하게 된다. 권기백 씨가 기억하는 그의 모습은 어땠을까?

노동자들이 세상의 중심

“종화 형 장례식장에 가려고 택시를 불렀어요. 그런데 택시 기사가 아는 분이더라고요. 이분이 현대중공업 초창기 해고자 김진국 씨였어요. 그래서 ‘혹시 플랜트노조 위원장이었던 이종화 동지가 오늘 장례식인데 혹시 알고 있습니까?’ 하고 물으니까, 잘 몰랐다고 하시는 거예요. 그런데 종화 형이 경남대 다니다가 구속되었을 때 감옥에서 현대중공업 해고자를 만났다는 얘기를 한 적이 있거든요. 내가 종화 형한테 들은 얘기가 생각이 나서 그분께 물었어요. 그랬더니 자기가 그 당사자라는 거예요.

이분이 현대중공업 노동조합 초창기에 부위원장을 맡으셨어요. 그리고 해고당해서 감옥에 있을 때, 종화 형을 만난 거죠. 사실 종화 형이 울산으로 오게 된 게 이분 덕분인 거였어요. 종화 형이 울산에 와서 제일 먼저 찾아간 것도 김진국 씨였어요. 그래서 일자리를 알아보다 김진국 씨 동생이 하던 미포만 출판기획사에서 일했던 거예요. 그런데 우연히도 종화 형 장례식장에 가는 길에 그분을 만났네요.

김진국 씨 덕분에 출판기획사 인쇄 노동자로 일을 했지만 얼마 가지는 못했어요. 인쇄소가 문을 닫는 바람에 조선소로 갔죠. 거기서 일을 하다가 또 몇 개월 만에 남구의 플랜트 쪽으로 옮겨 갔어요. 거기서 3년 정도 일을 했다고 하더라고요. 그러다가 97년도 IMF가 터져서, 일이 없으니까 집에서 놀고 있었어요. 그때 저를 만난 거예요. 저는 울산 동구지역에서 청년회 일을 하고 있었는데, 마산에 살던 후배와 어떻게 연결이 되어서 종화 형을 만나게 되었어요. 종화 형도 놀면서 지내고 있었으니까, 앞으로 어떤 활동을 해야 하는지 고민을 하고 있던 차예요. 형은 그때도 노동운동을 하고 싶어 했어요. 노동자들이 세상의 중심이라고 이야기를 하더라고요.

그리고 98년도 지방선거가 있었는데, 그때 김창현 씨가 경남도의원을 하고 있다가 동구청장 선거에 출마했어요. 그래서 종화 형을 만나서 선거운동을 같이 하자고 제안했어요. 그때부터 선거운동 하면서 종화 형하고 같이 일을 하게 되었죠. 그리고 선거 결과도 마침 좋아서 김창현 씨가 동구청장이 되었습니다. 그런데 취임하고 22일 만에 국가보안법으로 구속이 된 거예요. 취임하고 한 달도 안 되어서 구속이 되어버렸으니 얼마나 당황스러워요. 그 뒤에 99년 10월에 보궐선거가 있었는데 그때 구속된 김창현 동구청장의 부인이었던 이영순 씨가 출마합니다. 그때 종화 형하고 다시 한번 선거운동을 같이 했어요. 국가보안법에 의한 구속의 부당함을 주장하면서 선거를 치렀거든요. 그런데 또 이겼어요. 그것도 엄청난 표 차이로 이겼거든요. 참 지금 생각해도 드라마틱하네요.

현대 공화국, 동토의 땅

종화 형도 선거를 두 번 치르면서 지역사회에 많은 분과 관계를 맺게 되고, 지역 활동가로 자리를 잡아갔어요. 종화 형이 친화력이 엄청 좋아요. 말도 좀 재미있게 잘하고, 약간 위트도 있고 그래서 사람들하고 금방 친해지더라구요. 그리고 2000년 1월에 민주노동당이 만들어졌어요. 종화 형이 거기서 민주노동당 울산 동구 지구당 사무국장이라는 공식적인 직함을 갖고 당직자로 활동을 이어갔죠.

그리고 2000년 4월에 총선이 있었어요. 그때 현대중공업 노동조합 위원장 출신으로, 민주노총 위원장을 지냈던 이갑용 씨가 출마했는데 떨어졌죠. 그때 현역이었던 정몽준 후보가 당선됩니다. 그때도 복잡한 이야기가 많습니다만, 민주 진영 내부가 분열되었던 것 때문에 종화 형이 마음을 많이 썼죠. 외부의 적도 어마무시하게 강한데, 내부에서도 단결이 잘 안 되니 매우 힘든 시기였습니다.

2004년에는 김창현 씨가 출마했지만, 역시 정몽준 후보가 당선됩니다. 2004년 총선이 4월 15일에 있었는데, 그해 2월에 현대중공업 하청 노동자인 박일수 열사가 분신하는 사건이 발생합니다. 〈하청 노동자도 인간이다. 사람답게 살고 싶다〉는 장문의 유서를 남기고 분신을 하셨거든요. 형은 이제 사무장이기도 했고, 그랬으니 선거와 분신 투쟁을 당 차원에서 다 했어야 했거든요. 그러면서 여기 울산 동구가 완전히 자본과 노동의 진영 간 대결이 극에 달했어요. 그때 총선 때 현대중공업의 직원 2,000명이 풀렸어요. 골목골목마다 네 명씩 다 깔아놨어요. 회사 관리자들을 동원해서 선거운동을 불법적으로 하는 겁니다. 사실 동구는 현대중공업의 힘이 막강한 동네입니다.

그때는 정몽준의 정치조직이 초등학교, 중학교, 고등학교의 학교 운영위원회를 다 장악하고 있었습니다. 또 각 아파트 자치회 이걸 다 장악하고 있었어요. 동네 발전협의회는 물론이구요. 시의원 구의원들도 다들 정몽준 편이었어요. 또 현대 주부대학도 만들어서 강연 같은 것도 열고, 그곳을 나온 사람들이 현대 주부대학 총동창회라고 만들어서 활동하고, 한마음 회관 같은 지역의 복지시설을 지어주고 그걸 중심으로 조직을 계속 확장해나간 거죠. 그런데 이런 조직들이 따로따로 되어 있는 것이 아니라 다 얽히고설켜 있는 거예요. 여기 주민들 상당수도 '우리가 다 정몽준이 때문에 먹고산다'고 믿었으니까요. 2000년대 초반에는 여기가 정말 어마어마한 현대 공화국이었습니다. 그때는 우리가 여기를 '현대 공화국 동토의 땅'이라고 불렀어요.

꿈과 열망을 축적하다

자본의 탄압과 횡포가 이만저만할 때가 아니었던 상황에서 활동가들이 기가 죽고, 활동을 못 하게 되고, 민주노조가 부정당하고, 어용노조가 판을 치기 시작하고, 뭐 여러 가지로 상황이 몰리고 그랬거든요. 그런 시기에도 종화 형이 항상 했던 얘기가 자본의 어떤 탄압과 횡포에 물러서면 안 된다, 투지를 잃지 말고 끝까지 맞서 싸워야 한다, 그런 얘기들을 정말 누누이 했어요. 뭐 저한테만이 아니라, 주변 사람들 만나면서도 그런 이야기를 자주 했죠.

종화 형이 그때 아마 많이 느꼈을 거예요. 자본의 힘으로 온갖 불법적이고 추악한 일들을 해나가는 것을 직접 보게 된 거니까. 그때 권력과 자본에 대한 저항의지, 투쟁의지, 노동의 가치가 실현되는 새로운 사회를 향한 변혁적 꿈과 열망이 더욱 굳건해졌던 시기였다고 생각해요. 그것이 플랜트노조에 가서 꽃을 피운 것 아닌가 하는 생각을 합니다. 왜냐하면 당시에 형이 자주 했던 이야기가 '노동자들이 자본에 맞설 때는 한 치의 물러섬이 없어야 한다'였으니까요. 타협이 없어야 하고, 흔들림이 없어야 한다고 자주 이야기했죠.

그리고 그 와중에 울산 플랜트노조가 설립되었네요. 지역 신문하고 방송에 플랜트노조가 설립되었다고 나오니까, 형이 진짜 기뻐하고, 반가워하더라고요. 자신이 플랜트 노동자로 몇 년간 일도 해봤잖아요. 잡초 같은 노가다들이 노동조합을 만든다고 하니까, 자신도 그곳에 가서 함께하고 싶다고, 아마도 자기 삶의 종착지가 될 것 같다고 하면서 좋아했어요. 총선 선거운동하면서, 또 박일수 열사 투쟁도 마무리하면서, 형은 자신이 가야 할 길이 플랜트노조라고, 플랜트노조에 복무하는 것이 앞으로 자신이 가야 할 운동의 길이라고 누차 이야기를 했어요. 정말 총선이 끝나자마자 형은 당직을 그만두고 바로 플랜트노조로 갔어요. 플랜트노조로 가서는 정말 뭐 펄펄 날더라고요. 멀리서 지켜봐도 표정이 달라요. 그때 형 표정을 보면서 '아! 사람이 있어야 할 곳이 따로 있구나'하는 걸 느꼈다니까요.

그가 선택한 곳

언젠가 시위 현장에서 형이 방송차 위에 서 있는 걸 봤어요. 그런데 옆에 신나통을 들고 있는 거예요. 그걸 딱 봤을 때 내가 얼마나 놀랐는데요. 내가 형을 가까이서 봐서, 형의 그런 뭐라 해야 되나, 담력이나 결기를 좀 알잖아요. 저 사람은 몸에 기름을 부을 수도 있는 사람이라 정말로 걱정을 했어요. 여러 사람이 올라가서 뜯어 말려서 다행이었지.

2005년이죠. 76일간 파업을 할 때 정말 대단했습니다. 플랜트 노동자들이 말하자면 떠돌이 노가다라고 할 수 있거든요. 그런 사람들을 모아서 규합하고, 한목소리로 자신들의 주장을 내는 것 자체가 힘든 일 아니겠어요? 더군다나 노동조합으로 상대할 회사도 마땅치 않았거든요. 그런데 그런 걸 해내더라고요.

그때 형은 플랜트노조에서 매우 중심적인 역할을 하고 있었어요. 플랜트노조 조합원들에게 큰 존재감이 있었어요. 몇백 명 안되는 조합원을 데리고 진두지휘하면서 엄청난 싸움을 계속 이겨나갔으니까요. 실제로 조합원들이 장군이라고도 불렀어요.

형은 자신에게 딱 맞는 길을 찾아간 것 같아요. 많은 동지들과 굳은 믿음 속에서 노조 간부로 활동하셨으니, 형의 인생은 좀 나름대로 영광스러운 인생이었다, 이렇게 생각합니다. 같이 정당 활동을 한 저도 자랑스럽고, 이야기하다 보니, 또 그립네요."

그는 민주노동당 울산 동구지구당 사무국장으로 정당 활동을 했다. 98년부터 선거운동을 도우며 2004년까지 정당 활동을 통해 자신의 자리를 잡아간 것이다. 민주노동당은 2000년 1월 30일에 창당해서 대한민국 진보정당 중 가장 정치적 영향력이 강력한 정당으로 성장했다. 그가 당을 떠난 2004년 17대 총선에서는 13%의 비례정당 득표율을 얻었는데, 이는 현재까지도 진보정당 역대 최대 비례득표율이다. 그가 민주노동당의 핵심 당직자로 일하던 때가 민주노동당이 꽃을 피워 만개할 때인 것이다.

더군다나 울산은 민주노동당의 기반이자 텃밭이었다. 그런 민주노동당이 그가 정당 활동을 하는 동안, 전국적인 정당으로 성장한 것이다. 그의 주변 많은 사람이 시의원, 구의원, 구청장, 또 국회의원으로 번쩍이는 배지를 달았다. 정치를 통해서 세상을 변화시킬 수 있다는 기대가 가장 컸던 때이기도 하다. 민주노동당이 많은 후보를 당선시키며 대한민국 정치사에 새로운 희망으로 떠오르고 있던 그때, 그는 그곳을 떠난다.

운동을 해보면

내가 하는 운동 습관과 운동량이 그대로

내 몸에 근육으로 나타난다.

마음은 어떨까?

내 몸의 근육처럼 내 마음의 결은

어떻게 만들어져 있고 또 만들어져가고 있을까?

매일, 매 순간 내가 먹는 마음가짐이

그대로 쌓이고 남아 결을 이루고 있겠지.

그 마음의 결을 어떻게 볼 수 있을까?

내 생각과 행동으로 볼 수 있을 것 같구나.

자주 쳐다보고 약하고 못난 곳을

매일 갈고 닦아 멋지게 다듬고 싶구나.

이종화가 당신에게 보내는 편지 _2014.01.19

이름 없는 노동자

2004년 이전

플랜트 노동자들은 세계 최고의 기술을 갖고서 한국의 경제발전을 이끌어왔다. 울산의 거대한 산업단지는 대한민국 산업의 기틀을 이루었고, 플랜트 노동자는 이곳을 건설하고 유지·보수하는 일을 해왔다. 하지만 이들은 비정규직·일용직 '노가다'로 사회적으로도 최하층으로 취급받았고, 그렇게 30여 년을 억눌려 살아왔다.

오랜 기간 플랜트 노동자들은 차별과 멸시를 받으며 일했다. 이들에

울산석유화학산업공단의 야경 (출처: 울산신문)

게 '근로기준법'이나 '산업안전보건법' 등은 무용지물이었다. 따라서 제대로 된 근로계약서를 쓰거나 취업규칙을 구경했을 리가 없다. 그런 것을 따져 물었다가는 그냥 나오지 말라는 말을 들을 뿐이었고, 나오지 말라고 하면 어디 하소연할 데도 없이 그냥 그만두어야 했다.

플랜트 노동자들한테는 '포괄임금제'라는 허울 좋은 임금체계가 적용되면서 시간외수당이나 연장근로수당, 휴일근로수당 같은 법정 수당이 전혀 지급되지 않았다. 업체 쪽은 근로계약 때부터 1시간 연장근로로 하루 9시간 노동, 주·월차 수당을 하루 일당에 모두 포함하는 포괄임금제를 적용했기 때문이라고 주장한다. 하루 8시간 근무를 9시간 근무로 1시간씩 무상으로 더 일하게 한 것이다. 하지만 근로자들은 근로계약서의 계약 내용을 제대로 확인하기도 어렵다. 서명란에 이름만 쓰게 하는 경우가 많았기 때문이다. 쓰기 싫으면 그만두라는 식이다. 실제로 자신이 받을 임금도 반장한테서 얼마 받게 된다고 전해 듣는 경우가 많았다.

"근로계약서를 제대로 써본 사람이 없었습니다. 백지에 서명을 했거나 그마저도 하지 않은 사람들이 태반이었죠. 퇴직금을 받아본 사람은 드물고, 근로기준법상의 주휴, 연차휴가, 초과근로수당, 휴업수당 등 각종 법정 수당 지급은 애초에 우리들에게는 너무 멀리 있었습니다."

_플랜트 노동자 오 모씨(58)의 증언[1]

1 "밥먹고 화장실 갈 권리를 달라", 한겨레21, 2005.04.22.

플랜트 노동자들은 하루 평균 9시간 이상 일하지만, 유급휴일 적용이나 퇴직금 적립 등의 혜택은 거의 받지 못했다. 4대 보험은 물론, 안전화, 작업복까지 개인이 부담하기도 했다. 더군다나 이런저런 사유로 일할 수 있는 날이 한 달에 20여 일밖에 되지 않기 때문에, 결국 경력 20년 이상인 조합원의 연간 임금이 2천만 원을 겨우 넘기는 정도였다.

먹고, 싸는 일마저

"우리 노동자들의 활동이 더러는 지나침이 있습니다. 시민에게 불편함을 끼치는 경우도 있습니다. 그러나 우리를 이해해주십시오. 우리는 너무나 오랜 세월 인간답게 대접받지 못해왔습니다.… 우리 또한 울산의 시민입니다. 힘없는 시민이지요."

2004년 이전 플랜트 노동 현장의 화장실 모습

2004년 이전 플랜트 노동 현장의 화장실 모습

울산 플랜트노조가 파업을 시작하고 내건 '대시민 호소문'이다. 눈에 띄는 대목은 '인간답게 대접받지 못'했다는 부분이다. 비정규직의 근로환경이 상대적으로 열악하다고는 하지만, 파업 전 플랜트 노동자들의 노동환경은 그야말로 최악이었다. 그들이 일하는 작업 현장은 식당, 탈의실, 화장실 등의 기본적인 편의시설조차 없었다.

"솔직히 나는 근로기준법을 모릅니다. 밥알보다 모래를 더 씹어야 하는 게 우리의 점심 도시락입니다. 공장 담벼락에 숨어서 도둑놈처럼 작업복을 갈아입어야 합니다. 돈을 더 달라는 것도 아닙니다. 좀 더 인간답게 대우받고 일하고 싶은 겁니다."

_플랜트 노동자 김모 씨(58)의 증언[2]

2 " '30년 건설 막일꾼'의 피맺힌 절규", 프레시안, 2005.04.16.

"화장실도 하나 없어서 숨어서 노상 방뇨해야 하고, 추우나 더우나 먼지 구덩이 속에서 도시락을 먹어야 하고, 비가 와도 피할 곳이 없어서 손으로 비를 가린 채 빗물에 밥을 말아 먹습니다. 무거운 쇳덩이를 끌어올릴 때 크레인 중장비도 지원해주지 않아서 로프로 올리거나 몸에 둘러매고 올라갑니다."

_31년째 배관공으로 일해온 정모 씨(53)의 증언[3]

"새벽밥 먹고 현장에 와서 옷 갈아입을 컨테이너 하나 없어 도로에서 주섬주섬 옷을 갈아입어야 합니다. 쇳가루 · 시멘트가루 날리는 난장에서 하루 일을 마치고 땀에 흠뻑 절어도 손 씻을 세면장, 샤워장 하나 없는 게 현실입니다. 내일모레면 환갑을 바라보는 나이지만, 모래바람 없이 도시락 한번 먹어보자는 겁니다. 화장실 한번 당당하게 가보자는 겁니다."

_플랜트 노동자 김모 씨의 증언[4]

"점심을 제공하기는커녕, 1끼당 3천5백 원을 임금에서 공제하면서, 도시락 업체에게는 2천5백 원으로 계약해 밥값을 사실상 갈취하기도 했습니다."

_플랜트 노동자 오모 씨(58)의 증언[5]

"일을 하다 작업장에서 도시락을 먹으려 하면, 밥은 싸늘하게 식

3 위의 기사.
4 위의 기사.
5 "밥 먹고 화장실 갈 권리를 달라", 한겨레21, 2005.04.22.

어 딱딱하게 굳어 있고, 반찬은 돼지고기가 있으면 다 식어서 기름기가 허옇게 떠 있습니다. 가끔 도시락 업체가 바빠서 오전 10시쯤 미리 가져다놓기도 하는데 한여름엔 콩나물이나 시금치는 더운 날씨 때문에 상해서 못 먹게 돼요. 그러면 다 시어빠진 김치 쪼가리와 함께 국에 밥을 말아 먹고 치웁니다. 비라도 오는 날이면 비를 맞지 않기 위해 처마 밑에 쪼그려 앉아서 밥을 먹게 되는데, 비바람이라도 치면 밥에 온통 빗물이 들어가죠. 심지어 그라인더에서 튀는 돌가루와 쇳가루가 날아와 밥에 들어가 그나마 도시락도 먹지 못하게 되는 경우가 있어요."

_20년째 기계 일을 해온 플랜트 노동자 박모 씨의 증언[6]

울산의 플랜트 노동자들은 점심 식사를 자비로 해결하는가 하면 업체에서 지급된다고 하더라도 중간 업체들이 밥값을 빼먹어 형편없는 도시락으로 끼니를 때워야 했다. 한겨울에도 작업장 여기저기 차가운 바닥에 쪼그려 앉아 밥을 먹어야 하고, 화학물질이 내려앉고 온갖 먼지와 쇳가루가 날리는 속에서, 또 비가 오면 비를 맞아가며 밥을 먹어야 한다. 비를 피할 휴게시설은 고사하고 옷을 갈아입는 탈의실조차 없어서 공장 담벼락 밑이나 길거리에서 작업복을 갈아입고, 화장실조차 없어서 풀숲에서 눈치껏 해결해야 했다. 하루 종일 유해한 화학물질을 뒤집어쓰고 온몸이 땀에 흠뻑 젖어도 샤워는커녕 손 씻을 곳도 없어 기름투성이로 집에 돌아와야만 했다.

6 "30여 년 만에 터져나온 건설플랜트 노동자들의 인간선언", 월간 '말', 2005년도 6월호(통권 228호).

2004년 이전 플랜트 노동 현장의 점심시간 모습

2004년 이전 플랜트 노동 현장의 휴게시간(위) 및 작업복 환복 모습(아래)

안전하게 일할 수 있게 해달라

많은 플랜트 노동자가 석유화학 공장의 유지·보수를 담당하고 있기 때문에 항상 화학물질을 뒤집어쓰면서 일하는 유해 환경에 노출되어 있다. 또한 밀폐된 탱크 안에서 작업하는 경우도 많아, 질식 등의 사고 위험에도 노출되어 있다. 플랜트 업종 특성상 현장에서 사고가 발생하면 곧바로 사망이나 중상으로 이어지는 중대재해로 이어지는 경우가 많은 것이다.

파업이 일어나기 일 년 전인 2004년 4월 삼양제넥스 수소저장탱크 폭발사고로 세 명의 플랜트 노동자들이 사망했다. 10월에는 한국바스프 유화공장 폭발사고로 조합원 다섯 명이 생명이 위독할 정도로 중화상을 입었다. 하지만 이렇게 위험한 작업환경에 노출되어 있어도 플랜트 노동자들에게는 작업보호구조차 제대로 지급되지 않았다.

"화학공장에서 우리는 일반 마스크 쓰고, 직영들은 가스 마스크 쓰고 작업합니다. 화학 저장탱크에 뭐가 들어 있는지 알 수가 없으니까, 서로 눈치 보고 먼저 안 들어가려고 하거든요. 심지어 탱크 안에 들어갔다가 쓰러지는 동료를 보고도 건지러 갈 엄두도 내기 힘듭니다. 안전 장비도 지급되지 않거든요. 어렵고 힘들고 위험한 일을 해야 하다 보니 질식하거나 중독되는 노동자도 흔하게 발생합니다. 그런데도 작업을 기피하면 '더 나올 생각 말라'는 해고 통보를 받아야 합니다."

_플랜트 노동자 김모 씨의 증언[7]

"쇳가루, 발암물질인 석면 등 유해 물질이 다량으로 포함된 분진 속에서 작업을 하지만, 사업주들은 법에 규정된 작업 안전 측정은 한 번도 하지 않았습니다. 사업주 의무사항인 안전화 구입 비용도 노동자에게 전가하고, 기타 안전 보호구는 지급하지도 않았으면서 허위로 지급받은 것으로 조작했습니다. 지급한 안전장구도 낡고 불량한 것이 태반이었습니다. 산업재해를 은폐해 대부분 공상으로 처리하고, 아예 보상하지 않는 경우도 많았습니다."

_최명선 건설산업연맹 정책부장의 증언[8]

사고가 나서 다쳐도 산재 처리는 기대할 수 없다. 산재가 발생하면 건설 수주 등에서 불이익을 당하기 때문에 업체들이 무조건 산재를 은폐하려 들기 때문이다. 블랙리스트도 나돌아다닌다. 산재가 발생했거나 노동조합에 가입한 사람들의 명단을 업체들끼리 공유하면서 다른 사업장에서도 취업을 못 하게 막는 것이다. 저임금, 장시간 노동도 지긋지긋했지만, 그것보다 더 무서운 것은 언제든지 사고를 당할 수 있는 작업환경이었다. 안전하게 일할 권리는 이들에게 너무나도 먼 이야기였다. 플랜트 노동자에게는 최소한의 인간다운 환경과 죽지 않고 일할 수 있는 작업환경을 보장받는 것이 꿈같은 일이었다.

7 "30년 건설 막일꾼'의 피맺힌 절규", 프레시안, 2005.04.16.

8 "밥 먹고 화장실 갈 권리를 달라", 한겨레21, 2005.04.22.

문제의 근원, 다단계 하도급

플랜트 노동자들의 저임금과 열악한 노동환경의 주된 이유는 다단계 하도급 구조 때문이다. 도급이란 완성해야 할 일을 보수를 지급하고 한꺼번에 맡기는 것을 의미한다. 즉, 일을 통째로 하청을 주는 것인데, 건설플랜트 현장에서는 최소 4~5단계에 걸쳐 재하도급을 주고 있다. 이 과정에서 많은 문제가 발생한다.

이를테면 정유, 석유화학 같은 대기업이 건설공사의 도급을 주는 발주회사이다. 대형건설사와 같은 일반건설업체가 1차 도급업체라면, 이들은 다시 전문건설업체에 2차로 하도급을 준다. 이 업체는 다시 더 작은 업체나 소장·공사과장·반장 등에게 재하도급(3~4차)을 준다. 이들이 다시 여러 명의 모작반장에게 재하도급(4~5차)을 준다. 이들이 시공에 참여할 노동자들을 모집하여 건설공사를 시행하게 되는 것이다.

이처럼 4~5단계를 거치는 동안 이윤 확보를 위해 공사기일을 단축하고, 공사에 들어갈 재료를 줄이는 등의 문제가 발생한다. 그리고 플랜트 노동자들에게는 저임금 장시간 노동을 강요하고, 주·월차 수당을 지급하지 않게 되는 것이다. 심지어 밥값까지 떼먹기도 한다. 다단계 하도급은 플랜트 노동자들을 끝없이 쥐어짜는 구조이면서 부실공사의 주된 원인이기도 하다.

전문건설업체들은 작업반장들과 불법 하도급 계약을 맺은 뒤 실제보다 부풀려 임금을 지급하고, 이 중 일부를 리베이트로 다시 돌려받기도 한다. 실제 39명에게 5,900여만 원을 지급한 것으로 지급명세서에 기록했으나, 실제 작업에는 20여 명만이 작업에 참여한 경우도 있었다. "리베이트 관행이 공공연한 비밀이어서 리베이트 상납을 거절하면 다른 전문건설업체와의 계약이 이뤄지지 않는다"는 작업반장도 있다. 또한 하도급 업체들은 자신들이 부담해야 할 공상 처리비와 퇴직금 등의 법정 부담금을 작업반장에게 떠넘기기도 했다.[9]

이러한 다단계 하도급은 명백히 불법이다. 이로 인해 발생하는 모든 피해를 오롯이 플랜트 노동자가 지고 있다. 그러나 발주회사 및 건설업체들에 대한 허가권을 갖고 있으며 관리·감독의 책임이 있는 정부는 별다른 제재를 하지 않는다.

이종화 위원장은 이런 플랜트 노동자들의 상황을 잘 알고 있었다. 그 역시 플랜트 노동자로 3년 가까이 일을 해보았기 때문이다. 그도 노동조합을 건설하는 문제를 생각해보았다. 하지만 하루 벌어 하루 먹고 사는 이들이 노동조합을 건설한다는 것이 매우 어렵다고 생각했다. 그렇게 생각하고 있던 그에게 울산에 플랜트노조가 설립되었다는 반가운 소식이 들려왔던 것이다. 그는 조금의 망설임도 없이 플랜트노조로 달려갔다.

9 건설 플랜트 하도급 비리 '구린내' -한겨레 2005.05.19.

처음 하는 일이라 나사못 하나 조이는 것, 합판 자르는 것,
콘크리트 벽에 구멍을 뚫고 칼브럭 설치하는 것,
어느 것 하나 쉬운 게 없다.
시행착오, 실수의 연속이다.
옆에서 보면 쉬워 보여도, 직접 마주한 일의 어려움을
일하면서 느낀다.
겪어보면 아무 일도 아니어도 처음 해보면 깜깜하다.
매사에 오직 실천만이 모든 것을 해결한다는 것을 또렷이 느낀다.
억지를 부려서도 안 되고, 서두른다고 되는 것이 아니다.
오직 천천히 생각하고, 방법을 찾고
부단히 부딪칠 때 길이 열린다.

이종화가 당신에게 보내는 편지 _2021.11.17.

노조의 깃발을 세우다

울산에 플랜트노동조합의 깃발을 세우다

박해욱 초대 위원장은 노조 설립 전까지 20년 동안 파이프 용접 일을 했다. 그래서 울산에서 일하는 플랜트 노동자들의 삶의 애환과 노동현장의 상황을 잘 알고 있었다. 하지만 그는 노동조합에 대해서 잘 모르고 있었다. 그에게는 오직 이런 잘못된 현실을 바꿔야 한다는 생각이 가득했다. 때마침 거제에 있는 삼성중공업에서 한 6개월 일하면서 만난 용접사를 통해서 여수와 광양 쪽의 노조가 설립되어 비교적 노동환경이 개선되어가고 있다는 이야기를 듣는다. 그는 오직 '이건 아니다!'라는 생각으로 잘못된 걸 바꿔야 한다는 의지만으로 노조를 설립했다. 흔한 말로 노조의 '노'자도 모르면서 깃발을 세운 것이다.

87년부터 노조가 많이 만들어졌지만, 플랜트는 엄두를 낼 수가 없었다. 업체 한 곳에 근로계약서를 쓰고 1년 이상 일을 하는 경우가 없었기 때문이다. 비정규직은 노조를 만드는 데 수많은 장애물이 있었다. 시간이 어느 정도 지나서야 포항에서 플랜트노조가 만들어졌다. IMF 지나서 2002년도에 여수가 성공하고, 그다음에 2003년도에 광양에 플랜트노조가 설립되었다. 플랜트 노동자는 이곳저곳 떠돌아다니며 일을 하기 때문에 울산 사람들도 포항으로, 여수로, 또 광양으로 일을 하러 많이 갔다. 먼저 만들어진 포항, 여수, 광양의 영향을 받은 사람들에 의해 노조를 만들자는 여론이 울산에도 형성되어갔다. 그 시기에 노동조합의 필요성을 절감한 '용접사' 박해욱 씨는 적극적으로 노조를 설립하기 위해 나섰다.

박해욱 초대 위원장은 당시 중·고등학생 자녀가 있었지만, 노동조합을 설립하고 활동을 하기 위해서 집을 팔아 생활할 돈을 마련하고 전세로 이사를 가기까지 했다. 그만큼 노동조합을 만들어야겠다는 의지가 강력했다. 그가 그렇게 강력한 의지를 가질 수 있었던 이유는 플랜트 노동자들의 당시 노동환경이 너무나도 좋지 않았기 때문이었다. 더구나 플랜트 노동자들을 천대하고, 차별하는 등의 부당한 일이 많았다. 박해욱 초대 위원장도 플랜트 노동자로 일하며 인간으로서의 자존감을 꺾는 일을 많이 당했다. 인간으로서의 자존심을 지키기 힘든 상황이 맨주먹을 불끈 쥐고 일어서게 만든 것이었다.

"그렇게 시작하면서도 노조를 해서 우리가 이길 수 있겠나 싶은 생각을 많이 했어요. 한 1~2년 하다가 괜히 죽을 고생만 하고 실패할 가능성이 높다고 생각을 하면서도 시작을 한 거죠. 그만큼 어려운 일을 시작한 거지."

박해욱 초대 위원장의 말이다.

울산건설플랜트노조는 2004년 1월 6일 조합원 300여 명이 모인 가운데 설립총회를 열고 활동을 시작했다. 설립총회에서 박해욱(49) 위원장을 선출하고, 다음 날인 7일에 울산시청에 설립신고서를 제출하여

10일에 신고필증을 받음으로써 합법적인 노조의 지위를 확보했다. 울산건설플랜트노조는 포항과 여수, 전남 동부에 이어 전국에서 4번째로 설립되었으며, 민주노총 전국건설산업연맹을 상급 노동단체로 두고 활동을 시작했다. 노조 설립총회 13일 뒤인 1월 19일에 종하체육관을 빌려 결성보고대회를 열었다. 그날 이종화 위원장도 참가하여 노조 가입원서를 쓰고, 박해욱 위원장을 만나 인사를 했다.

노동조합 활동을 시작하다

박해욱 위원장은 두 번 정도 직접 이종화 위원장을 찾아가서 노동조

2004년 1월 19일 울산건설플랜트노동조합 결성보고대회 모습

합 활동을 주제로 이야기를 나눴다. 신불산 넘어가는 산월재로 능산을 가서, 이종화 위원장이 싸 온 김밥과 과일을 먹으며 현장 이야기도 하고 앞으로 노조를 이끌어갈 구상을 이야기했다. 성공하지 못할 가능성이 더 많고, 돈도 줄 수 없고, 자리 잡는 데까지 1년이 걸릴지, 2년이 걸릴지 모른다는 이야기를 전했다고 한다. 조금의 보상도 없고, 성공에 대한 보장도 없었다. 그렇게 어렵고 힘든 길을 함께 가고 싶다는 박해욱 위원장의 제안을 그는 흔쾌히 받아들였다.

> "내가 이제 내년에는 대대적으로 한판 붙어야 되겠다고 생각을 했어요. 그래서 이종화를 만나서 함께하자고 했는데, 상근도 안 시키고 대외협력국장으로 이제 사람만 왔다는 표시만 냈지. '내년에 일을 좀 크게 해야 하니까, 좀 뒤로 빠져 있어라' 이렇게 이야기를 했어요. 이문희 동지는 그때 조직국장이었는데, 여기는 전면에 나섰으니까, 이미 노출된 사람이고 이종화는 이제 좀 숨겨놓은 카드인 거라. 사실 투쟁하다 보면 어찌 될지 알 수가 없는 일이라. 감옥에도 끌려가고 그러니까. 이선으로 뭐 또 이문희가 나서야 되고, 뭐 그다음에는 삼선으로 또 누가 나서야 되고, 이렇게 순서가 좀 있어야 되잖아요. 그래서 뭐 특별한 자리도 주지 않고 데리고 왔어요. 여하튼 삼양제넥스 투쟁 말미에 이종화가 왔어. 협상하고 이럴 때 참여를 했지."

박해욱 초대 위원장의 말이다. 그가 이종화 위원장에게 제안을 했을 때는 알았을까? 20년 가까이 그렇게 엄청난 일을 겪으며 플랜트노조를 함께 일궈나갈 동지를 만났다는 것을. 박해욱 위원장의 제안을 받아들인 이종화 위원장은 삼양제넥스 사건부터 본격적으로 노조 활동을 시작한다. 그런데 박해욱 위원장보다 한 발 늦게 그에게 노조 활동을 제안했던 사람이 또 있었다. 강상규 전 지부장이었다.

"2004년에 창립총회 할 때까지만 해도 저도 노조에 대한 개념이 없었어요. 막상 시작하고 보니까 뭘 어떻게 해야 할지를 모르겠더라고. 이제 집회 준비를 하면서, 돌아가는 판국을 보니 이게 장난이 아니네. 이건 내가 수습할 수 있는 게 아니더라구. 뭔가 전문적으로 해야 할 것 같은데, 주변에 집회 열고 뭐 이런 거를 제대로 할 줄 아는 사람이 없어. 그래서 '운동권 배관사'가 필요하다는 생각이 들어서 찾아봤지. 그랬더니 이제 종화 형이 레이더망에 딱 들어온 거지. 그래서 만났어요. 만나서 이야기를 했더니, 이미 다 내용을 알고 있더라고. 그때가 2004년 2월쯤 되었을 거예요. 그리고 4월에 삼양제넥스 사건이 터지면서 그때부터 종화 형이 노조 활동을 본격적으로 시작하게 된 거지."

강상규 전 지부장 역시 그에게 플랜트노조 활동을 제안했다. 그리고 그의 말처럼 2004년 4월 15일 17대 총선이 치러지고, 이종화 위원장은 본격적으로 노조 활동에 참여하게 된다. 쉽지 않은 결정이었다. 그는 민주노동당 울산 동구지구당 사무국장으로 정당 활동을 하면서 정치적인 기반을 넓히고 있었다. 그는 98년부터 울산지역의 선거운동을 도우면서 2000년의 창당 과정을 함께하고, 민주노동당이 가장 꽃피웠던 2004년 17대 총선까지 핵심 당직자로 일했다. 민주노동당이 전국적 정당으로 성장하고, 주변의 많은 사람이 선거를 통해 의회에 들어갔다.

진보 정치를 통해 세상을 변화시킬 수 있다는 기대가 컸을 그때, 그는 주저 없이 플랜트노조를 선택했다. 이제 막 시작한 플랜트노조에서는 그에게 급여를 줄 수도 없었고, 큰 자리를 약속하지도 않았다. 그럼에도 그는 자신이 쌓아온 기반을 뒤로하고 아무것도 없는 플랜트노조를 선택한 것이다. 보통 사람들에게는 결코 쉽지 않은 선택이지만, 그에게는 어렵지 않은 선택이었다. 그에게는 노동자와 함께하고 싶은 꿈이 있었기 때문이었다. 그의 본격적인 노동조합 활동은 이렇게 시작되었다.

친화력과 진정성으로 녹아들다

그의 노동조합 활동을 모두가 반긴 것은 아니다. 그에게 신뢰를 보내지 않았던 동료들도 많았다. 학생운동이나 사회운동을 하다가 노조 활동을 했던 사람들이 얼마 버티지 못하는 모습을 많이 보아왔던 것이다. 또는 다른 목적을 위해서 노조 활동을 하는 경우도 있었기 때문에 쉽게 신뢰를 보내지는 않았다. 다음은 이문희 전 지부장의 말이다.

> "내가 이종화를 생각해보면 처음 봤을 때는 별로 이렇게 신뢰가 안 갔거든. 우리 위원장이 데려왔는데, 대화를 뭐 많이 안 해봤지만 어쨌든 뭐 학생운동부터 해서 사회운동을 하면서 그런 쪽으로 왔던 친구들이 얼마 못 버티더라고. 플랜트 와서 열악한 환경을 보면 얼마 버티기는 힘들 것 같다고 생각했거든. 그래서 크게 믿음은 안 갔는데 두 달 정도 같이 있어보니까, 우리 위원장 말대로 친화력이 엄청 좋은 거야. 진짜 얼굴이 두꺼워. 종화는 배관 분회이지만은 우리 분회뿐만 아니라 뭐 제관 분회고 기계 분회고, 당

시 여섯 개 분회에 모든 사람을 다 만나고 다니면서 활동을 하더라고. 그런데 어느 날은 나한테 와서 조직국장을 맡아달라고 하는데, 나는 당시에 배관 분회 조직부장이어서 배관 분회의 조직 때문에 정신이 없었거든. 그런데 나를 빼서 집행부 조직국장을 맡아달라는 거야. 분회도 반대하고 나도 반대하고 못 간다고 그랬는데 어쨌든 간에 그걸 관철시키더라고. 어느 날 보니까 내가 조직국장이 돼 있는 거야. 하하하."

얼굴이 두껍다는 표현과 친화력이 좋다는 표현은 사람을 가리지 않고 누구에게든 다가가서 쉽게 말을 걸고, 또 함께 즐겁게 이야기를 나눈다는 의미일 것이다. 이종화 위원장의 친화력에 대해서 이야기했던 사람이 또 있다. 박해욱 초대 위원장이다. 그는 처음에 만났을 때부터 이종화 위원장의 친화력이 노동조합 활동에서 크게 쓰일 수 있을 자질로 여겼다.

"이종화가 첫째는 친화력이 대단해. 나는 이제 '야! 멋지다' 이렇게 생각을 했지. 물건이구나 싶더라고. 이야기를 나눠보니까, 노조를 충분히 잘할 그런 소양이 된다 싶더라고. 그렇게 같이 지내다 보니까, 내가 종화를 보면서 또 많이 배우고, 지도 나를 보고 뭐 많이 배운다고 하더라고."

박해욱 초대 위원장 역시 이종화 위원장의 친화력을 높이 평가했다.

이문희 전 지부장은 이종화 위원장을 처음에는 의심하고 경계했었던 듯싶다. 이문희 전 지부장만이 아니었을 것이다. 어느 집단이든 외부에서 들어온 사람은 내부 인원의 경계의 대상이 된다. 잘 알지 못하는 사람에 대한 당연한 반응이기도 하다. 그것이 조직을 튼튼하게 유지하기 위한 방법이기도 하다. 처음 들어온 사람에게 모든 조직원이 마음을 쉽게 열면 그 조직은 위험에 대한 대처를 제대로 할 수가 없는 것이다. 조직 내에서 자리를 잡는 것은 쉬운 일이 아니다. 그것도 새로 들어간 사람이 중심적인 역할을 맡는 것은 좀처럼 보기 드문 일이다.

이종화 위원장에 대해서 친화력이 좋다고 한 사람들이 많다. 그만큼 사람들에게 말도 잘 붙이고, 사람들 이야기를 주의 깊게 듣는 그의 태도가 중요한 이유였을 것이다. 하지만 그것만으로 조직의 중심에서 자리를 잡을 수 있었던 것은 아니었다. 그렇다면 무엇일까? 아마도 진정성과 근성일 것이다. 이종화 위원장이 보여준 진정성과 근성이 사람들의 마음을 녹여낸 것이 아닐까? 그의 '진심과 근성'이 초기 노동조합 활동을 시작했을 때, 동료들로부터 두텁게 인정받을 수 있었던 배경인 듯하다. 이어지는 이문희 전 지부장의 말이다.

"아무튼 이종화는 동지들한테 어떻게 해서 그런 신뢰를 얻었나 모르겠는데, 좀 동지를 대하는 게 좀 진심으로 대해주는 느낌이 들더라고. 우리 쪽 사람들이 엄청 보수적이라서 이 사람이 무슨 정치적인 목적을 가지고 들어온 것이 아닌가 하는 그런 의심도 많이 하거든. 특히 운동권 출신들이 들어왔다 이러면은 더 그래. 근데 이 친구 같은 경우는 뭐 술을 마시는데 보면은 술이 약해. 술도 약하고 체력도 그리 강하지 않은데 끝까지 남아서 새벽까지 버티더라고. 그리고 술을 그렇게 밤늦게까지 마시고도 다음 날 출근투쟁 나가면 우리야 뭐 아침에 일찍 일어나는 게 생활이 되어 있기 때문에 출투를 나가는데, 이종화도 꼭 나오더라고. '이 친구가 근성이 있구나'하고 생각했지."

이종화 위원장은 사람을 대하는 진정성 있는 모습으로 울산 플랜트 노조의 중심으로 천천히 녹아 들어가고 있었다.

교섭을 요구하다

4월 22일 삼양제넥스에서 수소저압탱크 폭발사고가 발생하였고, 현장에서 일하던 플랜트 노동자 3명이 전원 사망하는 중대재해가 발생하였다. 울산 플랜트노동조합은 유족 보상과 재발 방지를 요구하며 투쟁에 돌입하였고, 노동조합은 첫 투쟁을 승리로 이끌었다. 이후에도 석유화학공장 등 원청업체에서 플랜트 노동자의 산재 사고가 발생하면, 해당 업체를 상대로 항의 시위를 하면서 노동조건을 향상시키기 위한 활동의 폭을 넓히며 노조의 존재를 드러내기 시작했다.

노조 집행부는 매일 새벽 4시에 서로 모닝콜을 보내, 새벽 5시에 회사 정문에서 선전전을 벌였다. 토요일, 일요일도 없이 매일 새벽 5시면 어김없이 출근하는 노동자들에게 노조 활동을 같이하자고 설득하며, 노조 활동을 홍보하였다. 열악한 환경에서 일하고 있었던 플랜트 노동자들에게 노동조합의 활동은 매우 신선하게 다가왔다. 많은 노동자가 적극적인 관심을 보였다. 하지만 당시에는 노동조합에 가입하는 것이 쉬운 일은 아니었다.

노조가 적극적으로 활동할수록 불편한 이들이 있었다. 바로 SK, 삼성정밀화학, S-OIL 등과 같은 대기업들이었다. 설마 대기업들이 노동조합이 활동을 시작했다고 해서 '지금까지 우리가 좀 심했지, 이제부터라도 최소한의 인간적인 대접은 하고, 법을 지키면서 사업을 해야 하겠는걸.' 이런 생각을 했을까? 그럴 리가 없다. 아마도 '어디서 감히 이것들이'라고 생각한 듯하다. 실제로 이들은 하도급 관리자들을 통하여 작업자에게 노동조합 탈퇴서에 서명을 강요하고, 노동조합 간부와 활동가들의 현장 출입을 막았다.

이들은 버젓이 노동조합 활동을 방해하는 부당노동행위를 벌였다. 하지만 노동부도 경찰도 언론도 이러한 불법에는 눈을 감았다. 이러한 상황은 노동조합 내부에서도 노동조합 때문에 일을 못 한다는 인식과 노동조합이 투쟁에 적극적으로 나서지 않는다는 불만으로 양분되어 나타났다.

노동조합은 2004년 6월 22일부터 SK(주)·삼성정밀화학·한화석유·S-Oil 등과 전문건설업체에 교섭을 요구하였다. 핵심 요구사항은 △하루 8시간 근무와 주·월차 수당 지급 △탈의실 샤워실 식당 시설 개선 △산업안전 보장 △노동조합 인정 등이었다. 2005년 2월 28일까지 16차례나 교섭을 요구하였으나 사측은 교섭에 불응하였다.

4

인간다운 삶을 위한 '76일'

기다리던 순간은 실감 나지 않게 지나가버리고,
또 다음 장면을 기다린다.
이렇게 시간이 흘러 흘러 이 모든 과정도
지난 이야기가 되는 날이 오겠지.
그래서 지금 어렵다고 좌절하지 말고
지난날과 다가올 날을 생각하며 담담하게
지금 할 일을 하면서 이겨나가야 한다.

이종화가 당신에게 보내는 편지 _2013.06.19.

파업

'인간답게 살고 싶다'

헌법이 보장하는 노동3권은 단결권과 단체교섭권 그리고 단체행동권이 있다. 단결권은 노동자가 사용자 또는 사용자 단체에 대항하여 이와 대등한 지위에서 노동조건의 유지·개선, 노동자의 경제적 지위의 향상을 도모하기 위하여 단결할 수 있는 권리이다. 단체교섭권은 노동조합이 사용자 또는 사용자 단체와 노동조건에 관하여 교섭하고 단체협약을 체결하는 권리이다. 그리고 마지막으로 단체행동권은 노동자가 사용자에게 노동조건에 관한 주장을 관철하기 위하여 각종 쟁의행위를 할 수 있는 권리이다.

하지만 우리는 단체행동권인 파업에 대해 잘못된 편견을 가지고 있다. 우리는 파업을 벌인 노동조합에 대해 이기적이라고 생각하며 '툭하면 파업'을 벌이는 집단이라고 생각한다. 하지만 파업은 쉽게 할 수 있는 것이 아니다. 우선 파업을 하기 전에 교섭을 먼저 해야 한다. 교섭이 결렬되었다고 바로 파업을 할 수 있는 것이 아니다. 교섭이 결렬되면 노동부에 조정신청을 하여서 심사관이 사전 조사를 실시한다. 그 이후에 공익위원, 노동자위원, 사용자위원으로 구성된 조종위원회를 구성한다. 조종위원회에서 조정 부의안을 마련하여 노사 양측 면담을 통해 의견을 조율하여 조종 회의를 개최한다. 조정안이 제시되고 이를 수락하면 협약이 체결되지만, 거부했을 때는 노동쟁의에 들어가기 위해 파업에 대한 찬반투표를 실시한다. 여기서 파업에 찬성률이 더 높았을 경우에만 파업에 들어갈 수 있는 것이다.

파업을 위한 절차는 이렇게나 복잡하다. 단체교섭부터 4~5개월은 걸린다. 법적으로 파업을 쉽게 하지 못하게 하였음은 물론이다. 사실 파업하기도 전에 준비하다 지친다고 할 정도로 파업은 하기 힘들다. 물론, 쟁의행위 중에는 임금도 받을 수 없다. 그리고 우리가 보는 대부분의 파업은 이러한 합법적인 절차를 거쳐 진행한다. '툭하면 파업이나 하고'라는 말을 함부로 하면 안 되는 것이다.

울산건설플랜트노조는 합법적인 절차를 걸쳐 2005년 3월 18일에 총파업을 결의하고 파업에 돌입한다. 노조원들의 압도적 지지로 파업에 들어간 울산건설플랜트노조는 파업 첫날 울산 개운동 외국인 전용 공단에서 집회를 열고 근로조건 개선과 산업안전 보장 등을 촉구했다. 노조는 해당 노조원들이 속해 있는 업체들과 집단교섭을 16차례나 요구하였지만, 관련 업체들은 파업 당일까지 이렇다 할 반응을 보이지 않았다. 울산건설플랜트노조는 조합원을 대상으로 파업 찬반투표를 벌인 결과 총 752명이 투표에 참가해 711명이 찬성했다.

플랜트 노동자들은 대체로 숙련된 작업 능력을 보유하고 있는 숙련공들이다. 파업에 참여한 플랜트 노동자들의 평균 연령은 50살 정도로 짧게는 10년 길게는 20년에서 30년까지 플랜트 업종에 종사해왔다. 그러나 1997년 IMF 이후 임금은 삭감되고 노동조건은 점점 나빠지기만

했다. 2000년대에 들어서면서 경기는 회복되어갔으나 플랜트 노동자들은 오랜 시간 쌓아온 기술과 능력으로 자신의 삶을 유지해나가는 것도 어려웠다. 플랜트 노동자들은 저임금, 장시간의 노동에 허덕일 뿐이었다. 더군다나 현장에서는 이들을 차별하고 멸시하는 일이 흔하게 벌어졌다. 플랜트노조가 파업한 이유는 인간의 존엄성을 착취당하기 때문이었다. 플랜트 노동자들의 주장은 단순했다.

"밥 먹을 수 있는 공간을 만들어달라!"
"휴식공간을 만들어달라!"
"화장실을 제공하라!"
"근로기준법을 준수하라!"
"안전하게 일할 수 있게 해달라!"

"그때 당시 투쟁할 때 메인 구호가 '인간답게 살고 싶다' 이거였어요. 그 내용 안에는 하루 9시간 근무하는 것도 있고, 그다음에 현장 안에서 휴게실도 없고, 화장실도 없고, 또 점심도 그냥 뭐 맨바닥에서 그냥 먹는 거예요. 맨바닥에서 먹다가 뭐 트럭 한 대 쑥 지나가면서 먼지 일으키면 먼지 수북하게 쌓인 밥을 먹고 그랬어요."

전국플랜트건설노조 울산지부 조홍영 수석부지부장의 말이다. 2005년, 전 세계 10위의 경제력을 가진 대한민국에서 노동자들이 이런 주장을 펼친다는 것이 믿을 수 없었다.

실제로 이들이 매일 겪어야 했던 현실은 참혹했다. 최소한의 인간적인 삶을 보장해달라는 그들의 주장은 정당했다. 우리는 최소한의 법을 지켜달라는 그들의 목소리에 귀 기울여야 했다. 우리는 안전하게 일할 수 있게 해달라는 그들의 외침에 응답했어야 했다. 무엇하나 반박할 수 없는 당연한 요구였다. 하지만 정부도 언론도 사용자인 기업도 이들의 요구에 귀를 틀어막고 폭력을 행사할 뿐이었다.

SK(주) 등 원청 발주회사를 비롯한 전문건설업체들은 노조의 교섭 요구에 발뺌하기에만 급급했고, 울산시와 노동부는 관리·감독의 책임을 방기했고, 검찰과 경찰은 업체들의 부당노동행위와 불법에는 눈을 감고, 오로지 노동조합만을 때려잡는 데 혈안이 되어 있었다. 그들의 목소리를 들어주는 곳은 어디에도 없었다.

2005년 파업 당시 집회 현장의 모습. 발언하고 있는 이종화 조직국장

공권력의 탄압이 시작되다

플랜트노조에게는 '파업' 외에는 길이 없었다. 마침내 쌓이고 쌓였던 건설플랜트 노동자들의 분노가 폭발한 것이다. 파업 돌입 이후 매일같이 1천여 명을 넘나드는 파업 대오가 형성되었다. 어렵게 시작한 파업인 만큼, 파업에 나선 노동자들은 끝장을 보겠다는 마음을 다졌다. 파업 이후 조합원들은 아침 5시부터 출근투쟁을 했다. 그러나 파업 첫날부터 조합원을 향한 홍보 활동조차 할 수 없었다.

첫날부터 회사 출입문 앞에서 이들을 기다리고 있던 것은 완전무장을 갖춘 전투경찰들이었다. 전투경찰의 비호 아래 업체들은 파업을 무력화하기 위해 대체인력을 투입시키고 있었다. 대체인력 투입은 1년 이하의 징역, 1천만 원 이하의 벌금에 처하는 엄연한 불법이었다. 하지만 재판까지 가는 경우도 별로 없었고, 재판까지 간다고 해도 1천만 원 이하의 벌금도 잘 내려지지 않았다. 설사 법원에서 벌금형을 내린다고 하더라도 그깟 벌금 1,000만 원이 무서운 기업은 없었다. 불법을 저지르는 것이 기업에 이익이 되는 상황인 것이다.

더군다나 이러한 불법을 엄중히 단속해야 할 경찰이 불법을 방조하고 있었다. 아니 오히려 경찰은 대체인력 투입에 항의하는 노조원들을 막아섰다. 경찰이 불법에 항의하는 노조원을 막아서며 기업의 부당노동행위를 돕고 있었다. 조합원들은 곳곳에서 출근하는 플랜트 노동자에게 열악한 노동환경을 함께 개선해나가자고 목소리를 높였다. 이들은 노동조합 설립의 정당성을 알리고, 노동조합 가입을 받기 위한 적극적인 활동을 펼쳤다. 하지만 노조는 정상적으로 홍보 활동을 펼치는 것조차 어려웠다. 이 과정에서 작업을 방해하는 일도 발생하였다. 곧바로 공권력의 탄압이 시작되었다. 파업에 돌입하자마자 바로 노조 간부 9명에게 출두요구서가 날아왔고, 5일 만에 체포영장이 발부되었다.

공권력은 4월 1일 이영산업 앞에서 출근투쟁 중인 조합원 30명을 폭력 진압하여 연행하였고, 용접분회장을 구속하였다. 조합원들은 곧바로 경찰서에 항의 투쟁을 진행하였으나 경찰은 폭력적으로 진압하였고, 그 자리에서 용접분회 조직국장이 구속되고 조합원 50여 명이 중경상을 입었다. 이후 5천여 명의 경찰 병력을 투입해 조합원들의 현장 접근조차 원천 봉쇄했다. 노조 사무실 압수수색, 차량 수색, 플랜트 노동자들에게 행한 폭력진압 및 검거 과정은 신속하고 강력했다.

2005년 3월 신한기계 앞 경찰과 대치하는 모습

이러한 공권력의 탄압으로 노조는 현장 앞에서 진행한 출근투쟁을 포기하였다. 노조는 기자회견을 통해 불법적인 활동을 하지 않을 것을 밝혔다. 이후 노조는 대시민 선전전을 중심으로 시민들에게 파업의 정당성과 자신들의 억울함을 알리고자 하였다. 하지만 공권력은 탄압의 수위를 늦추지 않았다. 노조의 준법투쟁 선언에도 불구하고 계속 자행되는 공권력의 탄압, 최소한의 교섭조차 할 수 없는 상황, 파업이 장기화됨에 따라 가중되는 생활고 등으로 큰 어려움에 빠졌다.

반격의 시작

당시 이종화 조직국장은 더 적극적인 활동만이 어려움을 극복할 수 있는 방법이라고 생각했다. 정부도 언론도 기업도 문제를 해결할 의지가 없었던 상황에서 이들을 협상 테이블로 이끌어내기 위해서는 강력한 수단을 사용해야 한다는 판단을 했던 것이다. 하지만 그의 뜻대로 일을 진행하는 것이 쉽지는 않았다. 직종별 분회장들이 정한 투쟁 계획대로 활동을 해야만 했기 때문이었다.

상황의 변화가 생겼다. 투쟁 계획을 직종별 분회장들이 회의를 통해서 정하고 그 내용을 조직국장이 전달받아서 투쟁을 진행해왔다. 하지만 직종별 분회장들이 전날 미리 세운 계획대로 투쟁이 진행될 수 없는 상황이 많아진 것이다. 상황은 급박한데 다시 결정하기 위해 회의를 소집할 수는 없는 노릇이었다. 전쟁 같은 급박한 상황에서 제대로 대처하기 위해서 야전 사령관 격이었던 조직국장에게 결정권을 주기로 하였다. 그때부터 이종화 조직국장이 현장에서 모든 걸 통제할 수 있게 되었다. 그때부터 싸움의 양상이 달라지기 시작했다.

"고용노동부 항의 방문, 남부경찰서 항의 방문 할 때, 나도 대오에 섞여서 항의하러 왔다 갔다 하고 했거든. 그런데 이래 따라 댕겨 보면은 이 인간은 진짜 배포가 철판을 깔았어. 울산에 공업탑 로터리가 있어요. 거기에 퍼질러 앉겠다고 하더라고. 요 앉아버리면은 이제 뭐 교통이 싹 마비가 되어버리는데, 이거는 내 생각에는 너무 과한 거야. 나는 그때까지만 해도 배포가 그만치 안 되었거든. 공업탑 로터리가 울산에서 대단히 교통량이 많은 데거든요. 그걸 뺑 돌려 앉아버리더라고. 그러니까 세상을 시끄럽게 해뿌는 거라."

2005년 4월 공업탑 로터리 점거 모습

박해욱 위원장의 말이다.

4월 1일, 울산건설플랜트노조는 이종화 조직국장의 결단으로 900여 명의 노조원이 공업탑 로터리를 점거하게 된다. 이 일은 박해욱 위원장의 말처럼 세상을 시끄럽게 했다. 수많은 언론에서 플랜트노조의 파업을 알리는 계기를 만든 것이다. 이들이 도로를 점거하며 이야기하고자 하는 바에 귀 기울이는 언론은 드물었으나, 이 사건으로 플랜트노조의 파업을 세상에 널리 알릴 수 있는 계기를 만들었다.

박해욱 위원장은 이종화 조직국장의 결정에 놀라는 일이 많았다. 쉽게 결정할 수 없는 일을 선택하고 결행하는 그의 모습에 놀라면서도 그의 결정을 응원했다. 그도 역시 사태를 해결하기 위해서는 조금 더 강하게 해나가야 한다고 생각하고 있었던 것이다. 하지만 노동조합을 둘러싼 여러 가지 복잡한 상황을 생각하면 결단을 내리는 것이 쉽지가 않았다.

이종화 조직국장은 한 발 더 나아가는 길을 선택한다. 더 적극적인 투쟁을 통해서 정체되어 있는 파업의 상황을 뚫고 나가려고 한 것이다. 자본 앞에서 굽히지 않아야 한다는 그의 신념은 이렇게 조합원들과 함께 싸우는 과정에서 현실로 나타났다. 그의 결단 뒤에는 수많은 고민이 밑바탕에 깔려 있다. 그는 그 누구보다 많은 고민을 했고, 행동 뒤에 벌어질 일에 대해서도 지속적으로 생각을 했다.

4월 8일에는 울산시장 면담을 요청하기 위해 시청에서 집회를 했다. 이종화 조직국장은 박해욱 위원장에게 전화를 걸어 '시청에 밀고 들어가겠다'는 이야기를 한다. 박해욱 위원장은 속으로 '이걸 해야 되나 말아야 되나' 하는 고민을 했지만 결국 이종화 조직국장의 뜻에 따른다.

조합원 500여 명이 우선 울산시청 민원봉사실과 광장에서 연좌 농성을 하는 등 시위를 벌였다. 또 시청 앞 인도에서 집회를 열고 있던 조합원 1,000여 명 중 400여 명이 경찰이 지키고 있던 시청 정문과 담을 넘어 시청으로 진입했다. 그리고 시 의사당 앞에서 연좌 농성을 벌였다. 시청은 면담에 응하지조차 않았고, 경찰을 앞세워 노조를 탄압하기에 급급했다. 경찰은 시청 안팎에 배치된 27대 중대 3,000여 명의 병력을 동원하여 농성 중이던 조합원 834명을 공무집행방해와 불법집회 등 혐의로 부산, 양산, 포항 등 인근지역 경찰서에 분산해서 연행했다.

2005년 4월 8일 시청 농성 후, 연행되고 있는 노조원 모습

이 과정에서 경찰은 노동자들에게 수갑을 채우고, 포승줄로 묶어 집단 연행한다. 당시 시청 앞에서는 음악회가 개최될 예정이었다. 음악회 때문에 더 적극적으로 진압을 했던 것이다. 경찰은 이들을 범죄자로 몰아 반성문과 서약서를 강요하고 폭도로 취급하는 등의 인권유린을 서슴지 않았다. 이날 9명의 노조 간부들이 구속되고, 불구속 입건된 조합원만 110명이었다. 하지만 이날의 사건은 언론에 대대적으로 보도되면서 플랜트노조의 파업 상황을 시민들에게 적극적으로 알리게 되는 계기가 된다.

삶이 좋아야 죽음 역시 좋다는 걸 느꼈다.
죽음은 삶의 연장이고
잘 죽기 위해서는 잘 살아야 한다는 걸 생각한다.
죽음을 두려움 없이 편하게 맞이하고 깨끗하게 죽기 위해서는,
살아 있는 동안 어떤 마음가짐으로
무엇을 실천하면서 어떻게 살았는지가 결정적 영향을 미칠 수밖에 없다.
만사람과 호흡하고
만사람의 행복을 나의 행복으로 여기고 성심껏 일하고 노력했다면
떠나는 것이 홀가분하지 않겠는가 생각된다.
어떻게 해야 잘 사는 것인지 끊임없이 성찰하고
진실한 마음을 좇아 열심히 사는 것이 최선이 아니겠나 싶다.

이종화가 당신에게 보내는 편지 _2012.10.19.

물러설 길은 없다

기울어진 운동장

노조는 지속적으로 교섭을 요구했다. 하지만 전문건설업체들은 자신들의 업체에 조합원이 없기 때문에 교섭 대상이 아니라며 단 한 차례도 교섭에 응하지 않았다. 그러면서도 업체들은 자신들의 업체에서 근무하는 조합원을 확인하겠다면서 노동조합 가입자의 명단을 요구했다. 노동조합은 업체들을 교섭 자리로 불러내기 위해 어쩔 수 없이 노동부와 10여 개 업체에 일부 조합원 명단을 알려주었다. 그러나 이름이 통보된 조합원들 대다수가 노동조합 탈퇴를 강요받거나 즉각 해고되고 말았다.

더욱 놀라운 것은 업체들의 반응이었다. 그들은 그 전에는 회사소속이었더라도 해고됐기 때문에 더 이상 교섭 대상이 아니라고 주장했다. 지방노동사무소가 중재자로 나서 '조합원 존재 확인 작업'까지 했지만, 사용자들은 오히려 이를 악용했고 노동부도 손을 놓다시피 했다.

오히려 업체들은 조합원들에게 '노조탈퇴확인서'를 강요했다. SK 현장에서 일하던 조합원 60여 명이 한꺼번에 노조탈퇴확인서를 받아 가기도 했다. 조합원에게 취업 불이익을 주는 이런 행태는 모두 불법이다. 그 전까지 취업할 때 이력서조차 받지 않던 업체들이 파업 이후부터 꼬박꼬박 이력서를 받았다. 이력서 사진과 대조해 조합원인지 아닌지 판별하기 위해서다. 조합원에게 불이익을 주기 위해 하지 않던 일까지 하는 것이다. 심지어 삼성정밀화학(주)에서는 임시총회에 참여하는 조합원을 사찰하다 적발되기도 했다.

노조 측도 조합원 여부를 확인해준 업체들이 조합원들에게 노조탈퇴를 강요하거나 더 이상 근로계약을 하지 않고 있다며, 이들 업체를 울산지방노동사무소에 부당노동행위로 고발하는 등의 조치를 취했지만 소용이 없었다. 공권력은 부당노동행위와 불법행위를 자행하는 기업의 손끝 하나 건들지 못했다. 정부는 법이 정한 절차와 요건을 갖추어 행사되는 정당한 노동조합 활동을 불법적으로 방해하는 기업에는 눈 감으면서, 힘없는 노동자들은 마구 두들겨 팼다.

이대로 물러설 수는 없다

결국 아무런 해결 조짐도 보이지 않고, 노조에 대한 탄압만 더욱 강화되는 상황에서 노조는 더 적극적인 투쟁을 선택한다. 울산건설플랜트 노동자들이 일하는 가장 큰 현장이자, 노조 탄압과 단체교섭 거부를 주도하는 곳이 SK이다. 노조는 상경 투쟁단을 조직하여 서울의 SK 본사 앞에서 노숙 투쟁을 전개한다. 하지만 SK는 대응조차 하지 않았다. 결국 플랜트 노동자들은 SK를 상대로 목숨을 건 고공농성에 돌입한다. 4월 30일 조합원 3명은 서울 SK 건설 현장의 크레인 위에 올라가 단식 점거 농성에 돌입하였다.

울산 건설 현장에서 세관·배관·용접 일을 하는 권혁수(36), 정승문(43), 차동홍(41) 씨는 29일 밤 울산에서 상경, 이날 새벽 6시 20분경 25m 높이의 타워크레인에 올라갔다. 농성 현장에 민주노동당 '차별없는 서울실천단'과 울산건설플랜트노조 서울 상경투쟁단, 민주노총 산하 건설산업연맹 관계자들이 지지 방문을 하였다. 타워크레인에는 '비정규 개악안 저지! 권리보장입법쟁취!', '건설노동자 다 죽이는 SK(주) 규탄한다', '울산지역건설플랜트노조 탄압중단'이라고 적힌 세 개의 대형 현수막을 걸었다.

오희택 건설산업연맹 지역업종별협의회 조직국장은 "화장실·식당 지어달라, 탈의실 설치해달라는 요구로 파업하고, 고공농성까지 해야 하는 것이 바로 건설노동자의 현실"이라며 "농성자들은 사측이 성실한 자세로 교섭에 임할 때까지 단식농성은 무기한 진행된다"고 말했다. 다음은 타워크레인 고공 농성자들이 농성에 돌입하면서 심정을 밝힌 글의 전문이다.

〈타워 고공농성에 돌입하며〉

울산에서 서울까지 올라와 타워 고공농성에 돌입한 저희 농성자들의 심정은 그야말로 참담함 그 자체입니다. 21세기에 OECD 국가 중의 하나인 한국에서 또한 한 해 이익이 1조 6천억에 달하는 SK 사업장에서 "화장실을 지어달라, 식당을 지어달라, 탈의실 좀 설치해달라"라는 요구를 걸고 파업까지 불사해야 하는 저희 건설일용노동자의 현실이 너무도 비참하고, 서럽습니다.

그러나, 이것이 이 땅에서 노동자 아니 인간 취급도 못 받으며 살아온 저희 비정규직 건설일용노동자의 현실입니다. 십수 년을 먼지 구덩이 현장에서 빗물에 쇳가루 섞인 밥을 쪼그리고 앉아 먹으면서 살아왔던 저희의 현실을 바꿔보고자, 발 디딜 틈도 없이 더러운 화장실에서 모멸감을 씹고 씹어왔던 현실을 바꿔보고자 노동조합을 결성했고 단체교섭을 요구했습니다.

그러나 불법 다단계 하도급, 세금 포탈 등 온갖 불법을 저지르고 있는 사업주들의 단체교섭 거부에는 아무런 처벌도 하지 않던 정부는 절차 다 거치고 합법적인 파업에 돌입한 저희에게 체포영장, 구속, 폭력연행으로 대응하고, 저희를 그 무슨 범죄자 취급하며 폭도로 매도하고 있습니다.

현장마다 경찰 병력이 수백 명이 배치되고, 집회만 하면 토끼몰이식 연행과 검거 작전이 진행되고, 검문 검색으로 노조 조끼만 입으면 무조건 연행하는 울산은 지금 저희 건설노동자에게는 계엄상태와 같습니다. 파업이 장기화되어도 수수방관하는 울산시청과 노동부, 무조건 때려잡기만 하는 경찰의 공조 속에서 도저히 문제는 해결되지 않고 울산에서 고립되어만 가는 현실에서 저희는 서울로 상경하여 고공농성에 돌입하게 된 것입니다.

일당쟁이 건설일용노동자에게 파업 44일은 바로 끼니가 떨어지는 현실과 맞닿아 있습니다. 너무나도 기초적인 인간 생활을 보장하라는 저희의 요구가 파업 44일을 넘기고 가야 할 만큼 과도한 것입니까. 사업주들의 주장처럼 울산 경제를 뒤흔들 만큼 대단한 것입니까? 825명이 연행되고, 12명이 구속될 만큼의 요구인 것입니까? 교섭 대상 업체들 중에서는 다른 지역에서는 노조와 단체협약을 체결한 사업주도 많습니다. 그러나 그들은 울산에서는 경찰과 노동부의 공조로 노조가 말살되기만을 기다리면서 단체교섭을 거부하고 있습니다.

서울까지 올라와 타워 고공농성에 돌입하면서, 배운 것 없어 시작하여 그래도 세계에서 알아주는 플랜트 기능공이라고 자부하며 살아왔던 지난 시간이 너무도 회한스러울 뿐입니다. 정부와 사회, 그리고 사업주들, 그리고 언론에 절절이 호소합니다. 건설일용노동자도 인간입니다. 저희도 최소한 밥은 식당에서 먹고, 쪽잠은 휴게실에서 자면서, 화장실 정도는 맘 편히 다녀올 수 있는 그런 작업 환경에서 일하고 싶습니다. 노무현 대통령을 비롯한 정부에 호소합니다. 비정규직 대책을 최우선 과제로 한다는 노무현 정권은 더 이상 울산건설플랜트노동조합의 문제를 방관하지 말아야 합니다.

고공농성에 돌입한 저희 농성자들은 울산건설플랜트노동조합의 투쟁이 해결될 때까지 무기한 단식투쟁을 전개할 것입니다. 이제 더 이상 물러설 곳이 없습니다. 더 이상 당할 수만은 없습니다. 목숨을 걸고 비장한 마음으로 이곳에 올라왔습니다. 끝까지 투쟁하겠습니다. 마지막으로 저희의 농성으로 불편을 끼치게 되는 저희와 같은 건설노동자들과 관계자 여러분께 진심으로 양해를 구합니다.

_2005년 4월 30일 울산건설플랜트 고공 농성자 일동

울산플랜트노조는 절박하게 투쟁을 할 수밖에 없었다. 자신들의 정당한 요구를 귀담아들어주는 곳조차 없었기 때문이다. 기업은 말할 것도 없고, 정부도 언론도 그들의 목소리에 귀를 기울이지 않았다. 결국 이들이 할 수 있는 최후의 방법은 시민들에게 자신들의 요구를 직접 알리는 것뿐이었다. 그래서 이들은 서울로 상경해서 투쟁할 '상경 투쟁단'을 조직했다. 자신들이 알리고 싶었던 간절한 말을 사람들에게 전하기 위해서였다.

하지만 SK 본사 앞에서 노숙 투쟁을 벌여도 달라지지 않았다. 절박한 심정으로 목소리를 높여보아도 자신들의 이야기에 귀 기울이지 않았다. 어쩔 수 없었다. 이들은 사람들이 자신의 이야기에 귀를 기울일 수밖에 없는 방법을 써야 했다. 그래서 이들은 고공농성을 벌이게 된 것이다. 최소한의 인간적인 삶을 위해서 그들은 목숨을 걸고 싸웠다. 그리

서울 아현동 건설 현장 타워크레인에서 고공농성 중인 울산플랜트 노조원 모습

고 서울에서 타워크레인에 올라 고공농성을 시작한 그다음 날….

2005년 5월 1일 노동절 아침 뉴스는 울산플랜트노동조합의 투쟁으로 1면을 장식했다. 서울 아현동 건설 현장의 타워크레인 점거 농성에 들어간 바로 다음 날, 울산에서는 플랜트 노동조합원 3명이 SK 현장에 있는 70m 정유탑에 올라 점거 농성을 시작한 것이다.

힘겨울 땐 더 어려운 시절도 이겨낸 걸 생각하고,
우리보다 더 힘든 조건에서 계신 분들도 생각하자.
문제가 힘겹게 덮쳐 오는 듯해도
마음먹기에 따라 어느새 활로가 뚫릴 때가 있지 않든?
희망이 없이 암울한 듯해도
가장 가까이 희망이 움트고 있음을 알게 되지 않든?
이 고비만 넘기면 다 좋을 듯해도 지나서 생각해보면
그 고비를 넘던 그때가 더 좋았던 생각이 들 때도 있지 않든?
피하지 말고 현실을 직시하고,
겁먹지 말고 문제를 직시하고,
쉽게 답을 얻으려 하지 말고 문제를 있는 그대로 부둥켜 안자!

이종화가 당신에게 보내는 편지 _2013.02.05.

'76일'의 중심

다른 사람을 배려하는 거친 손의 노동자

당시에 실제로 벌어졌던 일들을 제대로 알고자 그들을 만나 인터뷰를 했다. 플랜트노조 울산지부를 찾았다. 3층으로 된 비교적 큰 규모의 건물을 사용하고 있다. 그 거대한 공장을 만들고, 유지·보수하는 사람들이 십여 년에 걸친 투쟁을 통해 만든 공간이었다. 주차장에는 '단결', '투쟁', '현장을 장악하라'는 문구가 쓰인 여러 대의 방송차들이 있었다. 입구에는 새로 노조에 가입하는 노동자가 많아서 그런지 노조 가입과 관련된 내용을 큼직하게 안내하고 있었다. 1층 사무실에는 십여 명의 상근 직원들이 근무하고 있다. 조홍영 수석 부지부장의 안내로 인터뷰 장소로 향했다.

만나기로 한 사람들은 2004년부터 노동조합 활동을 함께해온 분들이다. 박해욱, 이문희, 강상규, 이문세 이렇게 네 분과 함께 이야기를 나누기로 하였다. 모두 위원장이든 지부장을 지내면서 지금의 울산플랜트노조를 일궈낸 분들이라고 한다. 비록 얼굴은 본 적이 없지만, 모두 이종화 위원장의 편지와 일기를 통해서 이미 알고 있는 사람들이긴 하다.

이종화 위원장이 존경하고 따랐던 박해욱 전 위원장, 옥중에서 멀리 사우디까지 편지로 마음을 나누던 동지 이문희 전 지부장, 서울에서 단식투쟁을 벌여 옥중에서 어쩔 수 없이 발만 동동 구르며 염려하고 응원했던 강상규 전 지부장, 함께 감옥에 있으면서도 먼저 나가서 아들 돌잔치에 가족과 함께하기를 바랐던 이문세 전 지부장까지. 다들 그의 편지와 일기를 통해 친근하게 듣던 이름들이었다.

내어준 차를 마시면서 그들을 기다렸다. 마침 문이 열리고 박해욱 초대 위원장이 들어왔다. 작은 몸집에 주름진 얼굴, 선한 웃음을 짓는 그가 울산플랜트노조의 초대 위원장이라는 것이 어색했다. 아니, 어떻게 이런 분이 그런 엄청난 일을 할 수 있었을까 싶다. 그와 잠시 오늘 진행할 인터뷰에 대한 이런저런 이야기를 나누는 사이에 세 명의 인터뷰이들이 연이어 들어왔다. 그런데 그들을 만나고 결국 속으로 웃음이 터졌다. 모두 매우 평범한 노동자들이었다. 그들은 어김없이 20년 넘도록 용접하고, 배관 일을 해온 그냥 노동자들이었다.

아마도 나도 모르게 저 문을 열고 네 명의 투사가 들어올 것이라고 기대했던 모양이다. 자신의 삶을 돌보지 않고 앞만 보고 내달리는 냉철한 사람들이, 어떠한 탄압에도 굴하지 않는 강인한 전사들이, 공권력과 맞붙어 싸우며 옥살이를 몇 년씩 겪었던 투사들이, 그리고 무엇보다 뜨거운 열정으로 자신의 삶을 새하얗게 불태워버린 노동 운동가들이 들어올 것이라고 생각했던 모양이다. 하지만 함께 마주 앉아 있는 그들은 그런 사람들이 아니었다. 빨간 머리띠를 두르지 않은 그들은 편안하고 따뜻했다. 다른 사람을 배려하는 작은 몸짓이 몸에 배어 있는, 거친 손을 가진 노동자들이었다.

디만 다른 점이 하나 있었다. 눈빛이다. 보통 사람들이 경험할 수 없는 목숨을 걸고 싸우는 큰일을 겪었기 때문일까? 그들의 눈빛은 깊고 여유로웠다. 그렇게 치열하고, 어려운 일을 해낸 사람들이 그렇게 맑을 수가 없었다. 당시에 벌어졌던 일을 더 사실적으로 이해하기 위해, 또한 당시 울산플랜트노조의 파업 과정에서의 이종화 조직국장의 역할을 제대로 알기 위해서 인터뷰 내용 중 일부를 직접 싣기로 한다.

베셀타워에서 휘날린 '인간답게 살아보자!'

박해욱: 공업탑 로터리를 빵 돌려 앉았던 것도, 시청을 점거했던 것도, 정유탑에 올라간 것도 전부 종화가 결단을 했었지. 그만큼 종화가 배포가 아주 커. 내가 따라가기가 힘들었다니까.

이문희: 맞아. 종화가 장기간 지속된 파업을 뚫기 위해서 베셀타워에 올라가달라고 하더라고. 그래서 2005년 5월 1일에 베셀타워에 올라가요. 그날이 하필 또 노동절이었네. 어쨌든 베셀타워가 한 70m 정도 되거든요. 그때 나를 포함해서 세 명이 올라갔는데, 우리가 생각할 때는 여기에서 우리가 버티면 무조건 승리 아니겠나, 이긴다고 생각했거든.

박해욱: 왜그런가 하면, 거기가 1급 국가보안시설이에요. 거기에 올라가는 것 자체도 위험하긴 하지만, 우리나라 석유 생산에 아주 중요한 길목을 움켜쥔 거예요. 회사 입장에서도 어떻게 하기가 어려워진 상황에 처한 것이죠.

이문희: 사실 그 위에는 생각보다 좁아서 매우 불편해. 더군다나 바람이 엄청나게 세게 불거든. 말도 못 하게 바람이 부는데 어디 몸을 숨길 수 있는 곳도 없어. 거기다 비를 피할 수 있는 곳도 없어. 그러니 거기서 며칠을 버티는 것 자체가 엄청 고된 일이라고. 어쨌든 그러고 있는데 한 보름 정도 지나니깐 얘네들이 이제 저쪽 뒤에부터 공장을 서서히 죽여오더라고. 우리 때문에 공장 전체를 셧다운을 하게 된 거라. 그러고 나서 우리가 진압을 당했거든.

박해욱: 보름쯤 됐는데, 경찰 특공대가 헬기를 타고 정유탑을 진압할 수 있는가 몇 번을 확인하더라고. 근데 잘 안 되는 모양이라.

이문희: 특공대들이 거기서 뛰어내리려고, 줄 타고 내려오려고 하

2005년 5월 베셀타워 점거농성 모습

는 거야. 화염병이 하나 있었거든. 던질라고 폼을 잡는 기지. 내려오지 말라고. 근데 진짜 한 2~3m까지 가깝게 내려오더라고. 내가 라이터 불을 켜고 화염병에 불붙인다고 폼을 잡으면 바로 뜨는 거야. 마지막에는 크레인 바구니에 경찰 특공대가 타고 올라왔지. 소화전 물 뿌려대면서 올라오는데….

박해욱: 거기에 세 명 있는데, 그냥 특공대가 가서 뭐 '내려오세요' 하든지 멱살 잡고 끄집어 내려오면 되는데, 거기다가 이벤트를 하는 거라. 막 물대포 쏘고, 손 뒤로 이렇게 제껴가 그래 가지고 끄집어 내려오더라고요. 뭐 흉악범으로 만들라꼬 하는 거지.

이문희: 뭐, 어쨌든 이걸로 구속되어 가지고 1년 6개월 살고 나왔지. 그래서 내 인생에서 종화 만난 게 진짜 불행이다. 이종화를 안 만났으면 내가 지금 사장하고 있을 건데. 하하하.

강상규: 아이구 마음에도 없는 말은…. 그 베셀타워 점거 하루 전인 4월 30일 날, 서울 마포에 있는 SK아파트 공사 현장에 타워크레인을 우리 울산 조합원들 세 명이 가서 점거를 했어요. 올라가가 현수막 걸고 SK가 이마이 나쁜 회사라는 걸 알리고 그랬지. 그래서 울산에서 경찰들이 어떻게 이럴 수 있냐면서 난리가 났어. 울산 문제를 서울에 가서 알린다고 난리가 났으니까. 뉴스도 크게 나고 그랬으니까. 그런데 바로 다음 날 또 올라간 거야. 서울 타워크레인은 한 30m 는데, 울산에서는 70m로 올라갔네. 이틀 연속으로 뚜드려 맞으니까 애들이 정신을 못 차리네. 하하하.

박해욱: 언론에서는 그 정유탑에서 전복죽 먹고 막 호화 농성한다고 그랬다, 그래, 그 경제지 기사들 정말 나쁘다. 기사를 내는데 진짜 막 얼마나 악의적으로 내는지. "호화농성' 충격" 진짜 제목이 이래요. 전복죽 올리라고 하고 뭐 이런다면서….

이문희: 아니 전복죽은 그때 뭐야? 민주노동당 이영순 국회의원이 방문 와서, 그걸 올려준 적이 있었거든. 우리가 그때 아무것도 못 먹으니까, 그때 우리가 한 끼당 초코파이 두 개씩 먹었거든.

강상규: 많이 먹었네. 하나씩만 먹어야지.

이문희: 어, 그래 입맛이 없어서 하나 먹을 때도 있었다. 하하하. 어쨌든 그렇게 견디다가 좀 지나니깐 도시락을 올려주더라고.

강상규: 정말 언론에서 온갖 방법으로 파업 자체를 도덕적으로 문제 있는 걸로 보이도록 만들더라고. 심지어 그때는 그런 소문도 있었지. 우리 파업을 빨갱이들이 배후 조종한다고. 하하하. 폭력배에다가 뭐 호화 농성에, 빨갱이까지 뭐 갖다 붙일 수 있는 건 다 갖다 붙였어요.

박해욱: 현실은 전혀 그렇지 않았지. 무슨 호화 농성이야. 멀쩡하게 일할 때도 대소변 볼 화장실이 없고, 잠깐이나마 앉아서 밥 먹을 공간이 없는데, 이게 얼마나 비인간적입니까? 어쨌든 우리도 별별 방법을 다 동원해서 싸운 거야. 뭐 전쟁이니까. 그때는 뭐 완전히 죽자 사자, 이판사판이었지.

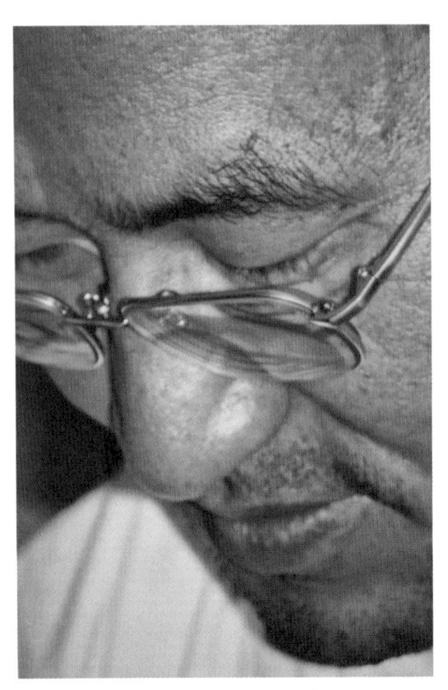

2005년 무렵의 이종화 조직국장

20년이나 지난 이야기였다. 그럼에도 그들은 비교적 정확하게 기억하고 있었다. 강렬했던 기억이기 때문일 것이다. 큰 사건 사고는 기억에 오래 남는다. 그들은 보통 사람이 10년 동안 겪을 일을 1년도 안 되는 동안 겪었다. 그만큼 굵직굵직한 사건들이 연이어 일어났다. 그리고 지금은 그렇게 힘들고 고통스러운 경험들도 막힘없이 이야기할 수 있게 되었다. 이제 그들은 목숨을 건 위험천만한 순간도 장난스럽게 이야기를 한다. 오랜 시간 함께해온 상처는 자신과 한 몸이 되는 법인가 보다.

그들의 이야기를 통해서 당시 '이종화 조직국장'의 역할을 알 수 있었다. 그는 2005년 치열했던 파업의 중심에 있었다. 공업탑 로터리를 점거하고, 울산시청 민원실을 점거하고, 70m 높이의 정유탑을 점거했던 일들 모두 이종화 조직국장의 결단에 의해 이루어진 일이었다. 그는 치열하게 고민하고, 결단을 내리고, 그리고 동지들과 함께 실천했다. 그는 치열하게 투쟁하는 거리에서 언제나 플랜트 노동자들과 함께 있었다.

5

끝이 아닌 시작

오늘 우연히 내 다리 상처를 보게 되었다.

자세히 앞뒤로 살펴보니 생각보다 상처가 크더구나. 다쳤을 당시의 흔적을 느낄 수 있었다. 끔찍한 사고였더구나. 가만 생각해보면 늘 달고 다니는 다리인데도 이렇게 가만히 쳐다본 적이 별로 없었다. 불편하고 아팠는데 다치고 난 뒤 45년 정도를 끌고 오면서 무심했다는 생각이 드네.

상처는 자정 과정을 거쳐 자리를 잡고 스스로를 수습하고 어엿한 한쪽 다리 구실을 하며 지내고 있다. 상처는 지난 일이고 지금은 그 자체로 내 몸의 역사, 내 삶의 한 부분으로 자리 잡고 있다.

흉터와 상처로 내가 열등해지지 않듯이, 거꾸로 특별해지지도 않는다. 그냥 남들이 갖지 않은 흔적과 경험을 가지고 흐르는 내 몸, 내 삶의 한 부분을 이루고 있지.

흉터와 사고의 추억을 포함해서 전체로 내 삶이 어떠하냐에 따라 내 상처의 의미도 달라지겠지. 상처 · 흉터가 내 삶을 결정하는 것이 아니라, 내 삶이 내 상처에 의미를 결정하는 것이라 생각한다.

이종화가 당신에게 보내는 편지 _2013.06.06.

"때려!"

언론의 융단 폭격

2005년 울산플랜트노조의 파업은 당시 울산지역 언론만이 아니라, 전국 모든 언론의 스포트라이트를 받았다. 하지만 노동조합이 주장하는 내용을 깊이 있게 다루는 언론은 거의 없었다. 간혹 그런 언론이 있어도 TV 뉴스나 인터넷 포털을 통해 접할 수는 없었다. 사람들이 접할 수 있는 언론보도는 모두 기득권의 시각에 맞춰져 있었다. 노동조합은 폭력적이고 이기적인 집단으로 비춰질 뿐이었다.

'인간답게 살고 싶다고 주장하는 건 알겠는데, 이렇게 폭력적으로 할 일이야?', '시민들한테 피해를 주면서 자기들 주장만 하면 되겠어?' '이렇게 때를 쓰면서 불법적인 일을 마구 벌이는데, 정부가 강하게 대처해야 되는 것 아니야?' 언론보도를 보면 사람들은 이런 생각을 할 수밖에 없었다. 당시 벌어졌던 일들을 보도했던 언론보도를 시간 순서에 맞춰 제목만 살펴보자.

"울산 석유화학업체 공장 보수 차질" _동아일보, 2005.03.24.
"울산건설플랜트노조 지도부 5명 체포영장" _연합뉴스, 2005.03.26.

"불법 · 폭력에 등 돌린 경찰" _YTN, 2005.04.01.
"울산 건설플랜트 노조원들, 비노조원 집단폭행" _YTN, 2005.04.07.
"울산 건설플랜트 노조원, 파업불참 직원 쇠파이프 폭행" _동아일보, 2005.04.07.
"건설플랜트노조 조합원들 울산시청 기습 난입시위" _연합뉴스, 2005.04.08.
"울산시청 기습시위 플랜트 노조 834명 연행" _경향신문, 2005.04.11.
"울산 건설플랜트노조 시청 앞서 또 파업집회" _연합뉴스, 2005.04.12.
"과격해진 건설플랜트 노조 울산 고래총회로 불똥튀나" _한국경제, 2005.04.13.
"울산 건설플랜트 노조원들 비조합원 집단폭행" _연합뉴스, 2005.04.14.
"울산 건설플랜트노조 비노조원 폭행 · 폭언 물의" _경향신문, 2005.04.15.
"플랜트노조 격렬시위 쇠파이프, 각목 압수" _연합뉴스, 2005.04.28.
"노조 고공농성에 울산 석유화학공단 '초비상'" _연합뉴스, 2005.05.02.
"SK시설 점거 노조원 시설물 일부 훼손" _머니투데이, 2005.05.02.
"전경버스 부수는 시위대" _연합뉴스, 2005.05.06.
"'울산 과격시위' 엄정 대처" _SBS, 2005.05.07.

"SK "노조 징유탑 점거 하루 1억 손실"" _파이낸셜뉴스, 2005.05.12.
"플랜트 노조 '호화농성' 충격" _서울경제, 2005.05.12.
"고공농성 한다면서... 이럴수가... 경찰에 "통닭.족발 달라"" _한국경제, 2005.05.12.
"두들겨 맞는 경찰/노조의 '신무기'에 깔린 경찰" _연합뉴스, 2005.05.17.
"울산 플랜트노조·경찰 충돌 부상자 속출" _머니투데이, 2005.05.17.
"울산 SK 정유탑 농성자 진압 작전 5분 만에 종료" _오마이뉴스, 2005.05.18.
"울산 플랜트노조 4,000여 명 격렬시위" _동아일보, 2005.05.18.
"압수된 쇠꼬챙이 수레와 화염병/경찰이 압수한 쇠채찍" _연합뉴스, 2005.05.18.
"쇠파이프 시위 끝에 진압된 파업" _헤럴드경제, 2005.05.19.
"노조원들에게 뭇매맞는 경찰" _연합뉴스, 2005.05.20.
"무기들면 시위대도 약자로 보기 어렵다" _데일리안, 2005.05.20.
"경찰 집단폭행 노조원 살인미수 적용 검토" _동아일보, 2005.05.20.
"민노총, "IWC 울산회의 개막일에 총파업"" _연합뉴스, 2005.05.20.
"울산 플랜트노조 삼보일배 전원연행" _경향신문, 2005.05.24.
"울산 건설플랜트 사태 민관협의체 구성" _동아일보, 2005.05.26.

"울산플랜트 노조 파업 극적 타결" _세계일보, 2005.05.28.

위 언론보도의 제목을 이어서 보면, 마치 플랜트노동조합이 무리하게 안 될 일을 기어이 해내려고 떼를 써서 협상을 타결시킨 것처럼 보인다. 그 과정에서 수많은 폭력적인 사태를 일으키고, 수많은 시민에게 피해를 끼치면서 자신들의 요구를 관철시키는 집단으로 보이는 것이다. 이것이 대한민국의 언론이 하는 일이다.

위의 언론보도 중엔 사실이 아닌 것을 보도하여 정정보도를 하게 된 것이 있다. 노동조합을 비도덕적인 집단으로 보이게 하기 위한 악의적인 보도였다. 이후에 정정보도를 내기는 했으나, 안타깝게도 그들의 악의적인 보도를 비판한 기사와 정정보도는 잘 보이지 않았다. 시민들에게는 그들이 잘못 보도한 '호화 농성'만이 기억에 남을 뿐이었다.

언론은 파업의 이유를 밝히기보다, 파업으로 발생한 폭력적인 사태를 집중적으로 보도했다. 그것도 경찰 측의 폭력은 보도하지 않으면서 노동조합 측의 폭력에만 집중했다. 집회·시위로 인한 교통 불편과 생활 불편을 조명함으로써 시민들에게 노조에 대한 이미지를 민폐를 끼치는 이기적 집단으로 만들어갔다. 노동조합을 비도덕적이고, 불법적이고, 폭력적이고, 이기적인 집단으로 보이게 하는 것이다.

언론에는 이들이 파업을 일으키고, 크레인과 정유탑을 잇달아 점거했던 이유가 제대로 나오지 않았다. 노동자들의 목소리를 직접 담아낸 언론도 있었지만 시민들에게 가 닿기에는 역부족이었다. 파업한 이유만 들어보아도 그들이 정당하게 자신들의 주장을 한다는 것을 알 수가 있었건만, 언론은 그들의 목소리에는 귀 기울이지 않았다.

"그때 여기 SK 공장 담벼락 있는 도로에서 막 경찰들하고 싸우고 이랬던 게 9시 뉴스에 매일 나왔어요. 매일 폭력적인 노조원들, 뭐 노조 폭력배들, 이러면서 뭐 맨날 나왔지. 사실 우리는 매번 경찰한테 두들겨 맞았거든. 매번 맞고, 깨지고 하다가 이제 하다 하다 마지막에 몇 번 각목이랑 쇠파이프랑 들고 나선 거지. 우리가 훨씬 부상자도 많고 많이 깨졌는데 그런 거는 하나도 나오질 않아."

조홍영 수석 부지부장의 이야기다.

그의 말처럼 시민들의 기억 속에 2005년 울산의 플랜트 노동자들은 불법적으로 파업을 일으키고, 도로를 무단 점거하고, 폭력적으로 시위를 벌이고, 파이프로 전경들을 두들겨 패고, 정유탑에 올라가서 시설을 파손하고, 사회적으로 큰 물의를 빚은 사람들일 뿐이었다. 하지만 진실은 언론이 보여주던 것과는 반대였다.

구속 결단식

5월 5일 비가 왔다. 아무런 준비 없이 정유탑에 올라간 농성자들은 비를 피할 곳도 없이 비를 그대로 맞아야만 했다. 5월 5일 저녁, 플랜트 노조의 가족대책위는 비 오는 날씨 속에 70m 상공에서 점거농성을 하는 조합원들에게 비옷과 식수를 전달해줄 것을 남부경찰서에 요구했다. 그러나 경찰은 농성자의 생존을 위한 최소한의 요구를 묵살하고, 오히려 전경들을 동원해 항의 방문한 가족대책위를 방패와 군홧발로 짓밟아 끌어냈다. 이 일로 항의 방문한 가족 대책위 6명이 병원에 입원했다. 어린이날 저녁에 일어난 일이다.

플랜트노조에서 점거한 정유탑은 SK 공장 안에 있었던 중요한 1급 국가보안시설이었다. 노조 집행부뿐만 아니라, 가족들도 접근할 수가 없었다. 경찰이 철저하게 출입을 통제했다. 비를 피할 곳도 없고, 바람이 심하게 부는 고공에서 3명의 노조원이 농성을 하고 있었다. 가족대책위의 비옷과 식수를 전달해달라는 요구는 너무나도 당연한 것이었다. 하지만 경찰은 비옷과 식수, 갈아입을 옷을 전달해줄 것을 요구하는 가족대책위를 폭력적으로 해산시키기에 급급했다. 이 과정에서 6명이

2005년 5월 5일, 가족대책위가 남부경찰서 항의 방문 모습

다쳐 병원에 입원하게 되었다.

파업 초기부터 지도부에 대한 체포영장이 발부되고, 출퇴근 선전전이 원천봉쇄되었다. 공권력은 거리낌 없이 기업의 편에 섰다. 언론조차 부당한 일을 당하는 플랜트 노동자들의 이야기를 듣지 않았다. 오히려 조합원들을 폭도로 만드는 데 열을 올렸다. 4월 1일 남부경찰서 항의 방문 때 폭력적인 진압, 4월 8일 시청 항의 방문에 대한 조합원 825명 폭력 연행, 4월 28일 노동부 앞 폭력 진압 그리고 5월 5일 가족대책위에 대한 폭력 행위까지 울산 건설플랜트노조는 더 이상 참을 수 없는 지경에 이르렀다.

드디어 5월 6일, 전 조합원 '구속 결단식'을 통해 조합원들은 더 큰

2005년 5월 6일 전 조합원 구속 결단식 모습

희생을 통해서라도 파업을 승리로 이끌 것을 다짐한다. 많은 조합원이 구속 결단식을 통해 구속을 각오하고 파업투쟁에 앞장서겠다는 결심을 한 것이다. 조합원 모두가 자신의 결의를 대형 현수막에 적었다. 계속되는 공권력의 탄압 속에 살아남기 위해서는 무장을 하고 거리에 나서지 않을 수가 없었다. 각 분회에서는 자발적으로 공권력과의 투쟁을 준비하였다. 그리고 그들의 분노는 세상을 멈추게 했다.

공권력과 죽기살기로 맞붙다

5월 6일 오후 6시에는 민주노동당 울산시당, 울산연합 등 울산지역 시민사회단체들이 이날 발생한 상황과 관련하여 울산남부경찰서에 항의 방문을 하였다. 민주노총 울산본부는 긴급성명을 발표하며 울산남부경찰서장의 퇴진을 촉구했다. 울산본부는 "노사문제에 있어 경찰의 역할 중 하나는 중립적인 입장에서 갈등을 최소화하는 것임에도 불구하고 집회 때마다 수천 명에 이르는 경찰 병력을 동원해 SK(주) 사설경비업체 노릇을 충실히 수행하고 있다"며 "특히 가족대책위 여성들에게 가한 폭력에 대해 울산남부경찰서의 과잉폭력을 좌시하지는 않을 것이며 관련 당사자들의 책임을 반드시 물을 것"이라고 경고했다.

이날 비로소 처음으로 기업과 정부 그리고 언론으로 기울어져 있던 무게추가 플랜트 노동자들 쪽으로 기울어졌다. 참고 참았던 노동자들의 분노가 폭발한 것이다. 플랜트노조의 정당한 요구를 기업과 정부는 들어주지도 않았다. 이들은 법을 제대로 지키라는 요구도 무시했다. 아니 오히려 부당노동행위를 통해 노조를 무력화시키고자 혈안이 되어 있었다. 하지만 이날 플랜트노조는 SK 정문 앞 집회에서 공권력의 물리력을 압도적으로 물리치며 SK 공장 정문까지 진격하고, 울산을 한 바퀴 돌아 민주노총 지역본부까지 행진한다.

플랜트노조는 더 이상 물러서지 않았다. 공권력과의 싸움이 목적이 아니라, 단지 자신들의 뜻을 전달하기 위함이었지만, 부딪쳐 오는 공권력을 피하지는 않았다. 격렬한 싸움이 벌어졌다. 많은 노동자가 쇠파이프와 각목으로 무장을 하였다. 인간으로서의 자존감을 지키기 위한 최후의 수단이었다. 그들과 함께 방송차 위에서 투쟁을 진두지휘하고 있었던 사람은 바로 이종화 조직국장이었다. 그의 목소리에 따라 노조원들은 죽기살기로 공권력과 맞붙었다.

〈1신〉 울산건설플랜노조 1천여 조합원 경찰과 대치 중
고공농성단에게 비옷, 음식물 반입 요구에 경찰 거부

6일 오후 4시 현재 울산 야음사거리에서 울산건설플랜트노조 조합원 1천여 명이 경찰과 투석전을 벌이며 대치하고 있다. 이날 오후 2시께 이들 조합원은 경찰과 대치 과정에서 한 차례 충돌을 빚었으며 이 과정에서 이 아무개씨가 경찰의 강경 진압 중단을 요구하며 분신을 기도하기도 했다.

울산건설플랜트노조(위원장 박해욱)에 따르면 울산석유화학단지 내 SK 70m 정유탑에서 고공농성을 벌이고 있던 농성단이 6일 오전 지난 밤 내린 비로 추위를 호소, 비옷과 소형 차양막 반입을 요구했으나 경찰이 이를 거부했다고 밝혔다. 이에 농성단 가족들과 노

2005년 5월 6일 경찰과 대치하는 노조(방송차 위 이종화 조직국장)

조가 경찰에 재차 비옷과 음식, 소형 치양막 반입을 요구했으나 경찰이 이날 오전까지도 수용하지 않아 1천여 조합원이 SK 산업단지 앞으로 항의 방문을 진행, 이 같은 상황이 발생했다.

강상규 노조 상황실장은 "현장 조합원들이 경찰의 반인륜적 태도에 대해 분노하고 있어 도저히 통제가 되지 않는 상황"이라며 "서울 고공농성단에게는 비옷과 차양막이 지급됐는데 유독 울산 남부경찰서는 정유탑 농성단의 요구를 들어주지 않고 있다"고 강하게 비난했다.

오후 4시30분 현재 조합원들은 민주노총 울산본부로 이동 중에 있으며 경찰과 대치는 잠시 소강상태를 맞고 있다. 한편 경찰과 충돌과정에서 상당수 조합원이 부상을 입은 것으로 알려졌으나 정확한 수는 아직 파악되지 않고 있다.

_매일노동뉴스 2005.05.06 일부 발췌

"경찰이 우리를 진압하면은 이 자리에서 제가 분신하겠습니다."
"경찰이 길을 비우지 않고, 힘으로 끝까지 하면은 그대로 분신합니다."
"대열정비!"/ "대열정비!"

이종화 조직국장이 방송차 위에 외치면, 조합원들도 따라 외쳤다. 그들은 하나의 목소리로 단결하였다.

"달려들면은 지체 없이 맞받아칩니다! 됐습니까?"/ "네!"

"달려들면 때립니다! 됐습니까?"/ "네!"
"후미 전투 준비!"/ "전투 준비!"
"때려!"/ "때려!", "때려!"/ "때려!"
"뒤로!"/ "뒤로!", "뒤로!"/ "뒤로!"

이종화 조직국장의 "때려"라는 말은 공권력과의 치열한 싸움에서 물러서지 않고 싸우겠다는 의지였다. 이 말에 따라 조합원들은 전경들의 방패를 마구 두들겼다. 하지만 누구도 전경들 개개인을 적대적으로 생각하지는 않았다. 그들은 한 덩어리로 묶인 공권력이었다. 누군가는 어린 전경에게 이야기했다.

"너희들 중에서도 노가다하러 오는 놈들이 많을 것이다. 이놈들아! 이게 다 너희들을 위해서 하는 일이다."

이날 노조원들은 SK 울산공장 정문에서 집회를 열고, 야음사거리를 거쳐 삼산동 민주노총 울산본부까지 도로를 점거한 채 가두시위를 벌였다. 노조원들은 울산의 모든 곳에 자신들의 목소리기 울려퍼지도록 당당하게 외쳤다. 자신들이 이름 없는 노동자로 희생하고 헌신해서 만든 울산공단에서 그들은 자신들이 살아 있음을 온몸으로 증명했다. 그리고 노조는 오후 5시 민주노총 울산본부 앞에서 마무리 집회를 갖고 해산했다.

기업과 언론은 플랜트 노동자들을 폭도로 몰아가며 여론 공세를 취하였다. 하지만 이때부터 비로소 건설플랜트 파업이 전국적으로 확산되고, 하이닉스 투쟁과 함께 비정규직 투쟁의 전국적인 전선을 형성하

2005년 총파업 때 삭발하는 이종화 조직국장

게 된다. 이후 영남노동자대회, 전국노동자대회 등의 일정이 배치되고, 민주노총 울산지역본부는 건설플랜트 파업 지원을 위한 연대 총파업을 조직하게 된다.

내일을 위해 참고 사는 오늘이 아니라,

내일을 위한 오늘 이 순간도 진정으로 기쁘게 살 줄 알아야 한다.

사람들은 잘 모르는 것 같다.

왜 노동운동의 길을 가는지를,

또 그 속에서 어떻게 편안한 마음을 유지할 수 있는지를.

세상을 바꾸려고 노력하는 삶은

평지풍파를 일으키고 물의를 일으키는 삶이 아니라

자신과 세상에 가장 충실하고 성실하게,

그리고 선하게 또 열심히 사는 삶이다.

나는 지금도 왜 이 길을 가야 하고, 또 어떻게 가야 하고,

또 무엇보다 이 길이 무엇인지 끝없이 묻고 있다.

더 부지런히 가야 하고, 더 고단해야 하고, 때로는 더 아파야 하겠지.

그 속에서만 제대로 된 길을 찾을 수 있으니까.

이종화가 당신에게 보내는 편지 _2013.03.17.

파업의 끝

끝장을 보리라

고공농성장 주변은 경비가 삼엄했다. SK 소속의 경비원은 물론, 경찰이 주변에 배치되어 곳곳에서 감시를 하고 있었다. 공장 옆 도로에 주차도 마음대로 할 수 없을 정도이다. 경찰은 만일의 사태에 대비해 정유탑 중간쯤에 그물망을 설치해놓았다. 노조 관계자가 전달해주는 음식물도 경찰의 '검열'을 받은 뒤에야 전해졌다. 경찰은 체포영장 발부자를 검거하기 위해 혈안이 되어 있었다. SK 공장을 비롯한 울산지역은 마치 '비상계엄'이 내려진 것과 같았다.

하지만 5월 6일 '구속 결단식' 이후 모든 것이 달라졌다. 울산플랜트건설노조는 이기는 조직으로 거듭났다. 이후 투쟁에서는 더 적극적으로 자신들의 목소리를 세상에 알려나갔다. 그들의 목소리에 호응하여 여기저기서 연대의 함성이 들려왔다. 파업 61일이 되었던 5월 17일 영남권 노동자 대회가 울산에서 열렸다. 민주노총에서 울산플랜트 노동자와 연대하기 위해 영남권 단위노조 및 본부노조가 참여하는 대규모 집회를 개최한 것이다. 함께 모인 노동자들은 눈물을 훔치며 '임을 위한 행진곡'을 불렀고, 어깨를 겯고 '철의 노동자'를 불렀다. 경찰은 다른 시도경찰청에서 10개 중대를 지원받아 총 37개 중대를 석유화학공단 주변에 배치하고 살수차량을 동원하여 노조원들을 해산시키고자 하였다. 아울러 체포영장이 발부된 플랜트노조 박해욱 위원장, 이종화 조직국장 등 지도부 7명을 검거하기 위해 쉼 없이 압박을 가했다.

울산 플랜트노조-경찰 충돌, 부상자 속출

울산건설플랜트노조의 파업투쟁 승리를 위해 울산에 모인 노동자 5천여 명이 경찰과 투석전을 벌이는 등 수차례 충돌해 부상자가 속출했다. 영남지역 민주노총과 전국건설플랜트노조 등 5천여 명은 17일 오후 3시 울산시 남구 외국인투자단지에서 울산건설플랜트 파업투쟁 승리를 위한 영남권 노동자 대회를 가졌다.
집회를 마친 노동자들은 SK울산공장을 항의 방문하기 위해 도로를 점거한 채 가두시위에 나섰고 이 과정에서 경찰 37개 중대와 2시간 동안 대치를 벌이다 2차례 극렬한 충돌이 빚어졌다.
경찰은 경찰버스와 6대의 물대포를 동원해 노동자들의 진입을 막았고 주변 도로는 거품이 섞인 공업용수로 뒤범벅이 됐다. 한편 노조원과 경찰의 충돌로 경찰 30여 명이 크고 작은 부상을 입었고 노조 역시 부상자가 속출했다.

_노컷뉴스, 2005.05.17 일부 발췌

노조원들은 집회를 마치고 거리 행진에 나섰고, 공권력은 물대포를 난사하며 노동자들을 막아섰다. 물대포가 위에서 끝없이 쏟아져 내리고, 거품을 섞은 물대포로 인해 정강이 높이까지 거품이 도로를 뒤덮었다. 그런 와중에도 노동자들은 서로를 믿고 싸웠다. "으쌰 으쌰, 으쌰 으쌰" 그 자리의 노동자들은 힘을 모아, 그들의 앞을 가로막은 콘테이너

2005년 5월 17일 영남권 노동자 대회 이후 가두 시위 모습

바리케이트를 무너뜨렸다. 노동자들의 쇠파이프는 부당한 공권력의 방패를 마구 두들겼다. 그렇게 강력한 물줄기를 뚫고 노동자들은 한 걸음씩 앞으로 나아갔다. 서로 기운을 돋으며 불합리한 우리 사회의 모순을 함께 뒤집고 있었다.

5월 17일 단위노조의 어려운 환경 속에서도 울산플랜트노조의 파업을 지지하고, 그 뜻을 함께하기 위해 현장의 작업을 멈추고 달려온 여수와 포항 그리고 전남동부경남서부 플랜트 노동자들의 눈물겨운 연대는 지역과 단위노조의 한계를 뛰어넘는 실질적인 연대 파업을 만들어냈다. 이것은 연대 투쟁의 새로운 모범을 만들어냈다.

공권력의 탄압도 만만치 않았다. 경찰은 18일 새벽을 틈타 전경 9개 중대와 형사 등 1,000여 명을 동원해 외국인투자단지 부지에 노조원들이 설치해둔 천막농성장에 대한 대대적인 압수수색을 실시했다. 압수한 물품을 언론을 통해 대대적으로 보도하였다. 그리고 경찰은 이날 오후에 베셀타워 강제 진압에 나선다.

베셀타워 강제 진압

울산 남부경찰서는 18일 오후 5시 30분경 경찰특공대를 투입해 베셀타워에서 농성 중이던 노조원 3명에 대한 진압 작전에 들어갔다. 경찰은 크레인 3대와 경찰 헬기, 특공대를 동원하는 입체 작전을 펼쳤다. 경찰은 물대포를 쏘며 현장에서 농성 중이던 조합원 3명을 진압하였다. 진압 작전은 5분여 만에 종료되었다. 배관분회 이문희 부분회장 등 3명

SK 고공농성 진압 _연합뉴스, 2005.05.18.

은 오랜 농성으로 기력이 쇠약한 상태에서 별다른 저항을 하지 못했다. 노조원들은 마지막까지 투쟁 구호를 외치며 순순히 경찰 연행에 응했고 앰뷸런스에 오르기 전까지 단체협약 체결을 촉구했다. 이들의 고공농성은 18일 만에 강제 연행되면서 끝나게 되었다.

고공농성자 진압 소식이 알려지자 조합원들은 민주노총 울산본부 사무실로 집결해 강제 연행에 항의하는 집회를 열었다. 노조원들은 남부경찰서에 항의 방문을 하고, 지속적으로 항의 집회를 열었다. 당시 19일째 단식 농성을 이어가던 아현동 크레인 농성자들은 SK 베셀타워 강제 진압에 항의하며 삭발 투쟁을 벌였다.

한편 경찰은 울산건설플랜트노조가 주로 이용하던 집회 장소에 더 이상 집회를 허가하지 않겠다는 집회 금지 통보서를 보냈다. 하지만 경찰이 집회를 금지한 곳은 원청업체인 SK와 매우 가까운 지역으로 SK 측이 경찰 쪽에 집회 금지 통보를 요청했을 가능성이 매우 높았다. 경찰이 새벽부터 강제 압수수색을 벌이고, 체포영장을 발부하고, 고공농성자들을 강제 진압한 이날은 25년 전 광주민중항쟁이 일어났던 5월 18일이었다.

경찰이 고공농성자를 강제 진압한 사건에 항의하며 울산지역 노동단체 대표들이 20일 오후부터 울산시청 앞에서 무기한 농성에 들어가기로 한다. 민주노총 울산본부는 19일 긴급 운영위원회를 열어 시청 앞 농성을 결정했고, 오는 27일 울산에서 열기로 예정되어 있는 민주노총의 전국노동자대회를 강행하는 등 강도 높은 투쟁을 벌이기로 했다. 시민단체들 또한 플랜트 노조원들의 목소리에 응답하기 시작했다.

참여연대는 19일 논평에서 "일용노동자들의 생존권을 향한 절규에는 귀 막은 정부가 공권력을 동원한 파업농성의 무력화에는 일사불란한 모습을 보였다"며 "건설 하도급 불법과 부패로 인한 인권침해와 유린은 방임하면서 사용자들의 공권력 투입에는 지체 없이 부화뇌동하는 정부의 공권력 편향을 규탄한다"고 반발했다. 참여연대는 또한 "헌법과 법률이 보장하는 권리 요구를 외면한 채 목숨을 건 파업과 농성을 업무방해로 몰아붙이는 SK를 비롯한 사용자들의 태도에 분노를 금할 수 없다"며 "기업 비자금 조성 목적의 관행적인 불법 하도급의 즉각적인 개선 및 노동자들의 기본권 보장"을 촉구했다.

민주노총도 같은 날 성명서에서 "자본 측은 협상보다 물리력에 의존해 노조를 무력화시키겠다는 방침을 굳히고 있다"고 반발했다. '비정규 노동법 개악저지와 노동기본권 쟁취를 위한 공동대책위원회'는 18일 성명서에서 "울산에서 자행된 비정규 노동자들에 대한 강제 진압에서 80년 광주 민중들을 짓밟았던 군사독재의 광기를 본다"며 "80년 광주의 교훈을 잊지 않았다면 노무현 정부는 비정규 노동자들에 대한 탄압을 중단하고 울산건설노조 비정규 노동자의 최소한의 생존권과 기본권을 보장하여야 한다"고 촉구했다.

서울 사람들, 우리 이야기 좀 들어주소[10]

울산건설플랜트 노조원 6백7십여 명은 23일 새벽에 서울 종로1가에 위치한 SK 본사 앞에서 기자회견을 열었다. 이들은 기자회견에서 "파업 돌입부터 시작된 검·경의 노조탄압으로 현재 구속 28명, 불구속 1백30여 명, 체포영장 발부 11명, 소환장 발부 2백여 명에 달하고 있다"며 "'인간답게 살고 싶다'는 노조의 소박한 요구가 폭도로 매도되는 마당에 상경투쟁을 결의했다"고 밝혔다.

플랜트노조 가족대책위에 참여하고 있는 최 씨는 "울산에서는 언론들의 왜곡보도로 완전히 폭도로 내몰리고 있다. 검찰과 경찰은 우리를 불순분자로 취급하며 연행하기에 급급하다"며 "울산에서는 아무도 우리 이야기를 들어주는 사람이 없어서 상경하게 됐다. 도와달라"고 말했

10 "울산플랜트 비정규노조 상경, '삼보일배'", 프레시안, 2005.05.23 기사 참조하여 작성.

나. 그는 이어 "집에는 세금고지서가 목을 조르고 있다. 쌀이 떨어지고 전기가 끊기면 우리 모두는 곧 죽을 판"이라며 "생활고로 이혼하자는 소리가 들리고, 벌써 어떤 가정은 아내는 사라지고 남편은 수배로 도망다녀 애기들만 집을 지키는 가정이 있다"고 주장했다. 그는 또 "정부가 안 도와주면 우리 모두가 다 죽는다. 우리 목숨은 파리 목숨이냐"고 항변하며 "노동자가 대다수지만, 노동자를 죽이는 이 세상에 자식을 놓은 것이 후회된다"고 울분을 토했다.

또한 20여 년 동안 울산 건설 현장에서 일해왔다는 갈 모씨(50)는 "그동안 쌓인 것이 너무 많았다. 묵혀온 분노를 터뜨렸더니 우리를 폭도로 매도하는 울산에서 더 이상 할 말을 잃었다"며 "서울 사람들만큼은 우리 이야기에 귀 기울여주길 바란다"고 말했다. 갈 씨는 이어 "모래밥 먹고 수십 년 일했지만 인간 대접 받은 적은 한 번도 없다. 부당한 대우를 지적하면 다음 날로 해고되기 일쑤"라며 "사람들이 양심이 있다면, 우리를 과격 세력으로 몰지만 말고 왜 우리가 쇠파이프를 들었는지 눈여겨봐달라"고 호소했다. 그는 또 "파업을 중단하고 업체에 가서 일을 하려고 해도 노조 조합원들에게는 일감을 주지 않고 있다"며 "이제는 죽고 사는 문제만 남았다"고 덧붙였다.

이들은 이날 오후 1시 대학로 마로니에 공원에서 청와대까지 1박 2일간의 삼보일배 시위를 벌이기로 한다. 이들은 오후 1시쯤 마로니에 공원에서 약식 집회를 갖고 "정부는 건설 현장의 각종 불법행위를 근절하고 사업주는 노조와 단체교섭을 즉각 실시하라"고 주장했다. 집회를 마친 노조원들은 삼보일배를 시작했으나 300m가량 나아가 이화사거리에 이르자 3,000여 명의 전투 경찰을 동원해 강제 연행에 나섰다.

울산건설플랜트 노조원 3보1배 _연합뉴스, 2005.05.23.

경찰, 삼보일배 나선 울산건설플랜트 노조원 전원연행 _오마이뉴스, 2005.05.23.

민주노총은 "경찰은 울산플랜트노조 조합원과 건설산업연맹 지도부 전원을 연행하는 폭거를 단행했다"며 "무릎이 끊어질지언정 삼보일배에 담긴 울산플랜트 노동자들의 목소리를 참여정부는 정작 외면하겠다는 말인가"라며 비판했다. 이어 "현 정부가 유독 건설노동자들에게만 상식 밖의 폭력과 탄압으로 일관하는 저의를 의심한다"며 "파업 돌입 다음 날부터 소환장 발부, 파업 5일 만에 노조 간부에 체포영장 발부하는 등 탄압으로 일관하면서 '선진노사관계'를 운운하는 것이 가능한 일인가"라고 규탄했다.

이들은 "정부는 울산지역의 대단위 공업단지가 들어서기까지 설비 건설의 주역인 건설플랜트 노동자들이 자신의 지역을 떠나 낯선 서울 한복판 도로 바닥에 절이라도 하며 요구사항을 알려야 하는 처지를 막을 명분이 없다"며 "삼보일배 행진을 탄압한 검·경 책임자를 처벌하라"고 촉구했다.

민주노동당도 이날 오후 논평을 내고 경찰의 연행 방침을 비판했다. 민주노동당은 경찰의 전원 연행에 대해 '만행'이라고 규정하면서 "정부는 울산플랜트노조의 실상이 알려지면서 사회문제화되자 더 이상 파급을 막고자 허가된 집회를 불법으로 몰아붙였다"며 "삼보일배를 노동자는 할 수 없다는 경찰의 논리에 실소를 금할 수 없다"고 비판했다. 이어 "대명천지 어느 노동조합이 단체교섭에 화장실·식당 마련을 교섭 안건으로 상정하냐"며 "노동자의 실상에 대해 알려고 하지 않는 노동부 장관, 하소연하는 노동자를 불법으로 연행하는 경찰을 보면, 노동자

울산건설플랜트노조 대검 앞 항의 기자회견 _노컷뉴스, 2005.05.25.

는 누구를 믿고 살아가야 하는가"라고 반성토했다.[11]

'삼보일배'는 그동안 노조와 공권력의 관계를 뒤집어 언론에 알리는 역할도 하였다. 삼보일배를 통해 평화적으로 자신들의 문제를 알리는 노동자를 공권력이 강압적으로 저지하는 과정을 그대로 시민들에게 알리는 계기가 된 것이다. 많은 언론이 이 사건에 주목하면서 그동안 부당한 일을 당해온 플랜트 노동자들의 처지도 많은 사람들에게 알릴 수 있었다.

또 한편 25일 오전에 울산건설플랜트 노조원 300여 명은 서초동 대검찰청 앞에서 노조 탄압에 대한 검찰청 항의 및 불법 하도급 실패 발표 기자회견을 열었다. 플랜트노조는 온 힘을 다해 전방위적으로 투쟁을 이어갔다. 그리고 드디어 그들의 목소리를 듣고 많은 사람들이 움직이기 시작했다.

11 "노동자가 삼보일배 하면 왜 안되나"_프레시안, 2005.05.23.

힘써 노력해라.
고통을 이기고 힘든 과정을 넘어설 때,
새 세상이 보이고, 힘이 생기고, 자유로워진다.
편하고 쉽게 살고자 해서는 결국
스스로 나약하고, 주변 조건에 얽매이고
삶은 더 힘들어진다.
새는 둥지를 박차고
하늘로 날아오를 때
새로서 자유를 얻는다.
두려움 서투름, 반복하는 노력을 통해
마침내 날아오르는 순간을 맞이하고
새 세상을 만난다.

이종화가 당신에게 보내는 편지 _2014.02.03.

'76일'의 진정한 의미

메아리로 돌아오다

이렇듯 플랜트노조에 대한 경찰의 강경 방침이 극에 달하자 민주노총 울산본부는 긴급 대의원대회를 소집해 대규모 집회와 함께 연대파업을 결정하게 된다. 민주노총이 울산에서 진행될 대규모 국제행사인 IWC 개막일에 맞춰 전국노동자대회 개최와 연대파업을 선언하자 그동안 플랜트 조합원들의 호소에 귀 기울이지 않던 울산시가 다급하게 진화에 나서게 된다.

한편 울산플랜트건설노조의 목숨을 건 투쟁은 결국 우리 사회 시민사회단체를 비롯한 각계각층으로 전달되기 시작했다. 시민사회단체, 노동계, 학계, 법조계 등 각계 인사 300인이 5월 26일 안국동에서 울산플랜트 노동탄압 중단과 평화적인 해결을 위해 "울산플랜트노동탄압 중단과 평화적인 해결을 위한 각계 인사 공동선언" 을 발표하기에 이르렀다.

공동 선언에 참가한 인사들은 SK나 삼성정밀화학 등 원청회사들이나 원도급업자들인 전문건설회사들이 신속하게 노조 측과의 실질 교섭과 대화를 통한 문제해결에 나서기를 촉구하였다. 또한 노동부는 근로기준법 위반이나 산업안전보건법 위반 사례를 방치하는 등 마땅히 해야 할 직무를 유기하고, 비정규 노동자들의 권리를 보장하여야 할 책임을 방기하였다고 비판하면서 더 이상 늦기 전에 정부가 직접 나서 울산건설플랜트 사태를 해결하라고 촉구하였다. 이들의 공동 선언문은 울산건설플랜트노조의 파업 사태를 매우 객관적으로 보여준다. 다음은 이들이 발표한 〈공동 선언문 전문〉이다.

〈공동 선언문 전문〉

울산의 건설플랜트노조의 파업이 벌써 70일째로 접어들지만 해결의 실마리가 잡히지 않고 있다. 또한 현재도 서울 마포의 SK건설 현장의 타워크레인 위에서는 3명의 노동자가 27일째 목숨을 건 고공단식 농성을 계속하고 있다. 내일은 울산에서 전국노동자대회가 개최되고 또 노 · 정 간에 대규모 충돌이 발생할지도 모른다. 일촉즉발의 긴장된 순간들이 계속되고 있지만, 경찰 · 검찰은 탄압 일변도로 치닫고 있고, 노동부 등 관련 정부당국은 수수방관하고 있을 뿐이다. 만약 이런 상황이 계속될 뿐 사태 해결의 실마리가 잡히지 않는다면, 상황은 파국으로 치달아 자칫 절박한 상황에 내몰린 노동자들의 극단적 항거 행태나 비극적 상황이 현실화되는 것은 아닌가 하는 조마조마한 심정이다. 더 이상 늦기 전에 정부가 직접 나서 울산건설플랜트 사태를 해결하기를 촉구한다.

울산건설플랜트 노동자들의 요구는 너무나 인간적인 요구이고, 당연한 요구이다. 이들은 사회의 가장 힘든 곳에서 온갖 차별과 무권리 상태에 시달려온 비정규직 중에서도 가장 열악한 처지에 있는 건설일용직 노동자들이다. 수차례의 불법 다단계 하도급으로 임금체불에 시달리고, 고용보험도 세금도 떼어먹히면서 하루 10시간 가까이 중노동에 일요일도 쉬지 못하면서 일하는 20년 숙련의 40대 가장이 월 평균 150만 원도 안 되는 돈으로 무법천지 건설 현장에서 그야말로 밑바닥 인생을 살아온 것이다. 우리는 이들의 요구사항을 듣고 우리의 귀를 의심하였다. 또 한없이 슬펐다. 21세기 선진화 사회라고 하는 이 땅에서, 그것도 세계 굴지의 대기업 공사 현장에서 아직도 이런 원초적인 요구사항을 걸고 파업까지 해야 하는지, 그리고 그토록 심각한 탄압과 고통을 받아야 하는지, 너무나 충격적이어서 믿을 수 없었다. 화장실 마련, 비와 먼지를 피할 수 있는 식당 마련, 샤워와 옷 갈아입을 공간 마련, 근로기준법 준수, 산업안전보건법 준수, 노조 인정 및 단체교섭 요구, 노조탄압중지, 불법 다단계하도급 근절 및 안전시공보장 등의 요구는 노동자들이 요구하기 이전에 당연히 이뤄져야 하는 것 아닌가? 사태가 이 지경이 되도록 정부당국은 도대체 뭘 하고 있었는지 그 책임을 묻지 않을 수 없다.

우리는 SK나 삼성정밀화학 등 원청회사들이나 원도급업자들인 전문건설회사들이 신속하게 노조 측과의 실질 교섭과 대화를 통한 문제해결에 나서기를 촉구한다. 광양이나 포항 등 다른 지역에서 이미 실행하여 그 실효성이 입증된 집단교섭방식도 거부하고, 또 다른 유효한 교섭방식도 제시하지 않으면서, 노조 가입을 이유로 현장 출입증 발급을 거부하여 실질적으로 해고시키고 또 취업을 미끼로 노조탈퇴확인서를 요구하는 등 노조혐오 또는 노조탄압 태도로만 일관하고 있는 사용자 측의 대처방식은 전근대적 노무관리의 전형적 사례로 비난받아도 변명할 말이 없을 것이다.

울산 파업 장기화와 사태 악화의 또 다른 책임 당사자는 검찰과 경찰 그리고 노동부를 포함한 정부당국이다. 평소 근로기준법 위반이나 산업안전보건법 위반 사례를 방치하는 등 마땅히 해야 할 직무를 유기해 노동자들로부터 큰 불신을 받아왔던 노동부는 이번 노동자들의 교섭 요구 과정에서도 지방노동위원회가 교섭 대상 업체라고 확인하여 조정 결정을 내렸음에도 조합원 확인을 빌미로 교섭 지연을 하는 사업주에 편승하여 교섭 대상 업체를 12개로 깎아내리는 등 비정규 노동자들의 권리를 보장하여야 할 책임을 방기하였다. 또 건설교통부나 울산시는 불법 다단계하도급의 시정과 안전시공을 보장하기 위해 적극적인 감독을 요청하는 노동자들의 요청을 묵살함으로써 사태 악화를 사실상 방조하였다.

특히 우리는 검찰과 경찰의 태도를 문제 삼지 않을 수 없다. 검찰과 경찰은 노동자들의 파업 바로 다음 날부터 체포영장을 남발하고 폭력 진압으로 일관하면서 파업 자체를 무력화했으며 그 결과 현재 구속자 28명, 체포영장 11명, 불구속 130여 명, 부상자가 350여 명에 달하고 있다. 또 200여 명의 건설플랜트 노조원에게 소환장이 발부되고 있다는 소식도 전해져 오고 있는 상황이다. 지금 울산은 그동안 경찰의 폭력 진압으로 병원은 온몸이 만신창이가 된 건설노동자로 채워지고 있으며, 노동조합 조끼만 입으면 시장 바닥과, PC방까지 뒤져서 연행하는 "준계엄상태"를 방불케 한다고 한다. 심지어는 자신들의 비참한 현실을 알리기 위하여 서울까지 올라와 기 신고 된 집회행진 장소에서 진행한 평화적인 삼보일

베 행진마저도 공권력이 전원 연행하는 어처구니없는 사태가 벌어지고 있다. 도대체 왜 이리도 무자비한 탄압을 강행하는가? 누굴 위해 이런 위법한 법집행을 감행하고 있는가? 우리는 울산플랜트 노동자들의 시위 방식이 일부 지나쳐 과격 양상을 보였다는 점을 인정한다. 하지만 이는 기본적인 노동환경 개선과 교섭만이라도 해달라는 노동자들의 요구를 철저히 묵살한 결과라 할 수 있다. 시위 방식을 빌미삼아 그들의 요구를 외면해버리고 호도하는 전근대적인 작태가 통합적 노사관계를 주창했던 참여정부에서 또다시 반복되는 현실을 개탄하지 않을 수 없다.

우리는 정부당국이 직접 나서서 심각한 울산건설플랜트 노동쟁의를, 실질 교섭과 대화를 통해 평화적으로 해결할 것을 강력히 촉구하고자 한다. 또한 현 사태의 발단이 불법적인 하도급 구조를 방치하고 기본적인 노동환경조차 제공하지 않은 기업 측에 있다는 점을 인식하고 SK 등의 원청과 교섭 당사자인 전문건설업체 등이 지금이라도 건설일용직 노동자들의 요구에 귀 기울이고 교섭에 임할 것을 촉구한다. 나아가 우리는 비정규 노동자들의 권리보장과 차별철폐를 위한 법제도 개선에 적극 나설 것을 촉구한다.

우리는 최근 잇따라 터진 노동조합의 비리 사건 등을 빌미로 다시 6월 국회로 넘어간 비정규 관련 법안을 강행 처리하고 전근대적인 노동운동 길들이기를 재현하려는 조짐에 경계와 우려를 표한다. 이미 경총 등 사용자 단체는 이미 더 이상 비정규법안 협상은 없다고 외치고 있다. 노동운동 내부의 악재를 기회 삼아 과거 회귀적인 노동 억압적 정책 기조를 강화하려는 시도에 대해 엄중히 경고한다.

아울러 우리는 사태가 이 지경이 되도록 방치해놓은 데 대해, 그리고 올바른 해결책 모색을 위한 우리의 노력이 부족했음을 고백하면서, 앞으로 울산플랜트 사태의 올바른 해결과 나아가 비정규 노동자들의 차별철폐와 권리보장에 함께 나설 것임을 다짐한다.

_2005. 5. 26.

시민사회단체 및 각계 인사 300인의 공동성명은 중요한 뜻을 갖는다. 비록 늦기는 하였지만, 플랜트 노동자들의 목소리가 메아리가 되어서 되돌아온 것이다. 이제라도 플랜트 노동자들의 주장이 제대로 세상에 알려졌다는 상징적인 의미가 컸다. 많은 이들이 플랜트 노동자들의 외침에 귀를 기울이기 시작했다. 결국 플랜트노조의 뜨거운 투쟁은 '다자간 협상'이라는 협상 틀을 만들어냈다. 가장 큰 쟁점은 '집단교섭'과 '개별교섭'이었다. 그러나 노조는 결국 조합원의 생활고로 파업대오 유지가 힘들다는 것과 무력 충돌로 인한 심각한 불상사를 우려하며 핵심 쟁점을 양보하고 몇 가지 처우개선안에 합의하게 된다.

눈물이 난다

2005년 5월 27일 전국에서 모인 민주노총 조합원들, 민주노동당 국회의원들과 함께 전국노동자대회를 진행하면서 사회적 합의안이 발표되었다. 길고 긴 싸움이 끝나는 순간이었다. 울산건설플랜트노조 박해욱 위원장은 "눈물이 난다"면서 "목표보다 부족하지만, 승리에 감사한다"고 말했다. 박해숙 위원장은 "우리는 현장에서 일만 할 줄 알았지 노동조합에 대해서도 몰랐다"면서 "이제부터 시작이다, 끝까지 투쟁해나가야 할 것"이라고 다짐했다.

민주노총 울산본부 이헌구 본부장은 "어렵고 힘들다"면서 "노동자들은 넉넉하지 못한 속에 눈칫밥 먹으면서 열심히 일만 하고 있으며, 정부는 자본가들에게 끌려만 가고 있는데, 노동자 권익을 더 쟁취하기 위해 투쟁해야 할 것"이라고 말했다. 그러면서 그는 이날 합의에 대해 언급하면서 "힘들게 달려왔고, 많은 성과는 아니지만 모두 여러분들의 힘 덕분"이라고 덧붙였다.

2005년 5월 27일 민주노총 전국노동자대회에서 발언하는 이종화 조직국장

교섭 위원으로 참여했던 전국건설산업노조연맹 백석근 부위원장은 합의사항 보고를 통해 "사측은 개별교섭을 통해 노조 와해를 기했는데, 이번 합의로 볼 때 지역건설플랜트노조를 인정한 것"이라며 "앞으로 총회를 거쳐 현장 복귀 여부를 결정하게 될 것"이라고 말했다. 그는 "현장은 건설플랜트 노동자들이 주인이며 이번 합의로 그 교두보가 마련되었고, 여러분들에게 큰 선물이 되기를 바란다"고 말했다.[12]

그들은 평생 노동자로 살면서도 노동조합을 구성할 자격조차 인정받지 못하고 있었다. 교섭 대상자가 없다는 이유 때문이었다. 책임을 져야 할 대기업은 보다 작은 회사들로 겹겹이 둘러싸여 숨어 있었다. 뒤에서 책임은 지지 않고 이익만 뽑아 먹었다. 언론도 기득권 편에 설 뿐이었고, 법은 있어도 소용없었고, 오히려 노동자들에게만 가혹할 뿐이었다. 하지만 결국 그들은 이겼다. 여기 이렇게 살아 있다고 머리 얻어터지며 외쳤고, 자신들도 인간답게 살 권리가 있음을 자신들의 희생을 통해서 세상에 알렸다.

그들은 몇십 년을 현장 노동자로 살면서 자신의 목소리 한 번 제대로 내어본 적이 없었다. 쇳가루·먼지가루로 덮인 밥을 길바닥에 쪼그리고 앉아 먹으며 일했던 그들이었다. 뜨거운 여름 몸이 익어가도록 달궈진 철판 위에서 파이프를 자르고 붙이던 그들이었다. 용접 불똥에 타들어간 작업복을 테이프로 덕지덕지 붙여 입고 작업을 했던 그들이었다. 언제 폭발할지도 모르는 탱크 안을 기어 다니며 용접을 해왔던 그들이

12 "울산건설플랜트노조 위원장 "눈물이 난다"" _오마이뉴스, 2005.05.27.

2005년 5월 27일, 파업투쟁을 승리하고 기뻐하는 노조원들

었다. 콧구멍이 연탄구멍이 되도록 일해도 씻을 곳조차 없었던 그들이었다. 한겨울 찬바람을 맞으며 꽁꽁 언 손으로 볼트를 조이던 그들이었다. 일하다 다친 동료들 문병 다니고, 일하다 숨진 동료들 문상 다니는 일에 이골이 난 그들이었다. 그런 그들이 동료들과 함께 어깨 걸고 76일 동안 파업을 해서 이긴 것이다.

승리하고, 일상으로

울산건설플랜트노동조합은 파업 76일 차인 6월 1일 달동 공원에서 '현장 복귀 찬반투표'에 관한 총회를 가졌다. 이날 플랜트노조는 86.4%의 높은 찬성률로 현장 복귀를 결정했다. 이날 총회는 지난 5월 27일 울산건설플랜트노조와 사용자인 전문건설업체, 원청·발주업체, 그리고 울산시와 시민단체 등이 참여한 '공동협의회'를 통해 이루어진 합의에 대한 찬반을 묻기 위해 개최한 것이었다. 플랜트노조는 현장 복귀 결정으로 76일간의 파업을 접고, 일상으로 돌아가게 되었다.

공동협의회의 합의안은 △임금 등 근로조건 개선, △불법 다단계 하청 관행 개선, △조합원 채용 때 불이익 금지, △노조 인정 등을 담고 있다. 그러나 이번 합의의 효력을 놓고 노사가 의견을 달리했다. 노조는 400여 개 플랜트 업체 모두가 이번 합의안을 받아들여야 한다는 입장이지만 사측은 협의에 나선 12개 업체만 해당한다고 주장했다. 최대 쟁점인 개별교섭이냐 집단교섭이냐 여부와 임금과 근로조건 개선 등의 구체적인 사항은 앞으로 실무교섭을 통해 논의하기로 했다.

울산 플랜트 노동자들은 이날 합의에 따라 근로시간은 하루 8시간, 주 44시간 일을 하고, 4대 보험료의 경우 사용자 부담금과 노동자 부담금을 각각 부담하게 되었다. 또 불법 다단계 하도급 문제는 건설산업기본법에서 정한 불법 하도급은 금지하되, 노동자에게 도급을 주지 않는 문제는 실무협의에서 논의하기로 했다. 또한 조합원임을 이유로 채용 시 불이익을 주지 않기로 하되, 그 구체적 방안은 실무협의에서 별도 논의하기로 했다. 노동조합 인정과 편의 제공에 대해 회사는 조합비를 일괄 공제해 노조에 인도하기로 하고, 노조 간부의 사업장 출입 문제는 공장장협의회의 논의를 거쳐 긍정적으로 검토하기로 했다.

실무협의는 노조 측과 회사 측 각 2인이 참여하고 각 1인씩 간사를 정해 진행하기로 했다. 울산지역 건설플랜트노조와 민주노총 울산본부는 파업 집회와 관련, 시민들에게 손해를 끼친 점에 대해 유인물을 통해 공개 사과하기로 했다.

그러나 내딛은 걸음은 작았고, 남은 상처는 컸다

하지만 해결해야 할 걸림돌은 많았다. 우선 최대 쟁점인 교섭 방법에 대해 합의를 보지 못했다. 노조 측은 집단교섭을 요구했지만, 사용자 측은 개별교섭을 고수하고 있다. 노조 측에서 일부 양보를 해도 사용자 측은 받아들이질 않았다. 교섭을 개별적으로 진행할 수는 없었다. 짧은 기간 회사를 옮겨 다니며 일을 하는 플랜트 노동자들에게 개별 교섭은 노조 활동 자체를 할 수 없게 만들 것이 분명했다.

또한 유급휴일과 유급휴가의 구체적인 내용에 대한 합의를 보지 못하고 실무협의에 넘긴 것 역시 성과로 말할 수 있는 것이 아니었다. 심지어 합의사항을 어길 경우 제재할 수 있는 장치조차 마련되지 않았다. 울산건설플랜트노조의 파업은 부분적으로 일부 합의를 보기는 했지만, 많은 상처를 남겼다. 박해욱 위원장을 비롯한 43명의 노동자 구속, 10여 명의 수배, 170여 명의 불구속, 300여 명의 부상, 30억이 넘는 손배가압류 등 조직적 피해가 매우 컸다.

76일 동안 그들은 생계를 돌보지 않고 싸웠다. 그렇게 힘들게 싸워서 이겼지만, 상처뿐인 영광만 남았다. 더군다나 합의 이후에도 업체 측은 합의 내용을 지키지 않았다. 오히려 노동조합에 가입한 노동자에게는 취업 거부, 일방적 계약 해지, 노조 탈퇴 강요 등의 부당노동행위가 많이 벌어졌다. 파업투쟁을 통해 승리했지만, 울산에서 취업을 못 하니 다른 곳으로 떠나는 조합원들이 늘어났다. 더 좋은 노동환경을 얻어내기는커녕 일할 수조차 없는 상황이 된 것이다.

전문건설업체들은 파업 당시 시청 앞 집회에서 경찰에 연행된 800여 명을 중심으로 소위 '블랙리스트'를 작성해 이들의 현장 출입을 통제하고 취업을 거부했다. 일당에서 점심값 3천 원을 제하던 것을 안 하는 것이 그나마 나아졌다. 식당, 화장실 설치 등 일부 복지적인 측면에 있어서 개선도 있었지만, 블랙리스트에 오른 조합원들은 취업을 못 하면서 이마저도 혜택을 누릴 수 없었다.

‘76일 파업’의 진정한 의미

그렇게 어렵고 힘든 과정을 거쳐 승리를 했으니, 많은 변화를 만들어 내었을 것으로 믿었다. 최소한 나는 그들이 그렇게 자랑스럽게 이야기한 ‘76일’을 통해서 많은 것을 얻었기를 바라고, 또 믿었다. 그들이 당당하게 일터로 돌아가서 땀 흘리며 일하고, 식당에서 밥을 먹고, 멀쩡한 화장실에서 볼일을 보고, 지저분한 얼굴을 씻고, 함께 웃으며 퇴근하는 모습 정도는 얻어냈을 것으로 믿었다. 승리란 그런 것이라고 생각했다. 하지만 내 생각은 짧았다.

힘들게 싸워 얻어낸 약속이 대단한 것도 아니었다는 아쉬움과 실망감을 느끼기도 전에 기업과 정부는 그 작은 약속마저 지키지 않았다. 나는 그들이 싸워온 2005년 파업과 관련한 자료와 기록을 살피면서 화가 났다. 실제로 자신의 삶을 내던지며 힘들게 싸웠던 그들의 마음은 어땠을까? 그들이 그렇게 힘들게 투쟁해온 보람이 없었다. 기업과 정부의 약속을 믿은 나는 바보였다. 그렇게 힘들게 싸워 얻은 작은 약속조차 정부와 기업은 지키지 않았다. 정부와 기업은 거짓 합의로 위기를 넘긴 것뿐이었다.

‘76일’ 동안 싸워 얻은 합의서는 휴지조각이 되었다. 정부와 기업은 애초에 진정성이 없었고, 플랜트 노동자들은 얻은 것이 없었다. 1년 뒤 그들은 똑같은 조건을 들고 단체교섭을 요구하며 또다시 파업에 나선다. 업체들의 반응도 똑같았다. ‘조합원이 없다’고 하거나, ‘개별교섭을 하자’는 이유를 들어 교섭을 회피했다. 그렇다면 그렇게 힘들게 싸워 이긴 ‘76일 파업’은 도대체 무엇을 남긴 것일까?

'76일 파업'은 플랜트 노동자들이 존재한다는 사실을 세상에 알렸다. 플랜트노조는 2004년 1월 합법적인 노동조합의 지위를 확보했지만, 아무도 그들의 노동을 인정하지 않았다. 심지어 울산에서도 플랜트 노동자가 무슨 일을 하는지조차 모르는 사람이 많았다. 우리에게 플랜트 노동은 존재하지 않았던 노동이었고, 정부와 기업은 존재하지 않는 노동을 함부로 짓밟으며 부려먹었다.

'76일 파업'은 존재하지 않았던 그들의 노동을 세상에 드러내었다. 여기 이렇게 플랜트 노동자로 살아 있다는 그들의 외침은 세상을 뒤흔들었다. 그들은 기업과 언론, 그리고 정부의 탄압에도 쉽게 꺾이지 않았다. 그들은 조금도 주눅들지 않고 거대한 공권력과 맞서 장장 76일을 싸웠다. 이제 아무도 그들을 존재하지 않는 것처럼 함부로 짓밟을 수 없게 되었다. 그들의 처절한 절규는 '울산건설플랜트노동조합'의 존재를 확고히 했고, 노동조합 활동을 통해 자신들이 누려야 할 권리를 쟁취할 수 있는 기반을 만들었다.

무엇보다 '76일 파업'은 플랜트 노동자들에게 승리의 기억을 남겼다. 집단의 기억은 역사를 만든다. 역사학자 전우용은 "역사란 '집단기억'들을 쌓아나가는 과정이라고 할 수 있습니다. 자랑스러운 역사란, '당당한 기억'이 많은 역사입니다" 라고 말했다.[13] 플랜트 노동자들은 '76일 파업'을 통해 자신들의 힘으로 '당당한 기억'을 만들어, 자랑스러운 노동자 투쟁의 역사를 써 내려간 것이다.

13 〈망월폐견〉 73p. 전우용, 새움 출판사.

'76일 파업'은 플랜트 노동자가 '노동자'로 살아 있음을 세상에 알렸다.

6

더 많은 사람이 행복한 세상을

운동을 오래 했다는, 또 지위가 높다는 사람들 행태를 보면서

내 모습을 본다.

나는 어떤가?

나는 자유로울 수 있는가?

그들과 다를 수 있는가?

수행이 거듭되지 않으면,

끝없이 자신을 가다듬고 채찍질하지 않으면

순식간에 무너짐을 확인한다.

숱한 이들이 나를 지켜보고 있고,

나를 의지하고 믿고 기대하고 있고,

죽어도 놓을 수 없는 의리가 있는데 어찌 이러고 있겠는가?

변치 않는 나는 없다.

특별한, 무엇을 해도 괜찮은 나는 없다.

지금 이 순간의 생각 · 행동이 나이고

이것을 떠난 또 다른 안전한, 아름다운 나는 없다.

이종화가 당신에게 보내는 편지 _2015.06.30.

'단결 · 투쟁'

머리를 망치로 맞은 것처럼

인터뷰를 했던 그들은 거침없이 그날의 기억을 털어놓았다. 20년 전의 이야기였다. 그들은 힘들고 고통스러웠던 이야기들을 막힘 없이 했다. 이기기도 힘든 싸움이었고, 이겨도 조금밖에 얻지 못하는 싸움을 그들은 계속해나갔다. 그들 모두 감옥에 가는 것도 두려워하지 않고 싸웠던 사람들이다. 실제로 모두 감옥을 갔다 왔다. 그들은 싸움의 끝에 감옥이 기다린다는 것을 알고도 싸웠다. 자신만을 생각했다면, 가족을 생각했다면 하지 못할 선택이었다. 왜 그런 힘든 선택을 했느냐고 물었다. 딱히 명확한 답을 들을 수는 없었다. 그들의 답은 이랬다.

"그때는 다들 그냥 그랬어요."
"그냥 너무 힘드니까, 이렇게 살면 안 되겠다 싶은 거지."
"누군가는 해야 하는데, 그냥 그대로 내버려두면 안 되니까, 한 거지."
"뭐 별거 있어? 화가 나서 그랬지. 하다 보니까 더 화나고. 하하하."
"뭐, 혼자 하라면 하겠어요? 같이 할 사람들이 있으니까, 한 거지."

이제 그들은 목숨을 건 위험천만한 순간도 장난스럽게 이야기를 한다. 새벽에 온몸이 당겨 일어나기도 힘든 몸을 일으켜 출근투쟁을 나가던 순간도 아련하게 그려질 뿐이었다. 밥 먹을 식당도, 화장실도 없었다던 그들이 번듯한 건물을 노동조합 사무실로 사용하고 있었다. 600명도 안 되는 인원으로 시작했던 노동조합이 3만 명 가깝게 늘었고, 지금도 매달 100명 넘는 플랜트 노동자가 새로 가입하고 있었다. 20년 전 '인간답게 살고 싶다'고 외치며 파업을 했던 노조라고는 믿기 힘들었다. 그만큼 시간이 많이 흘렀다. 시간은 고통과 아픔을 털어내는 모양이다.

아니다. 시간이 고통과 아픔을 털어낸 것이 아니라, 이겼기 때문에 고통과 아픔이 지워진 것이다. 그들은 싸우면서 힘들고 고통스러운 순간들을 이겨왔다. 정부도 기업도 언론도 무자비하게 탄압할 뿐이었다. 세상 사람들의 시선도 좋지 않았다. 또 다른 노조가 만들어져 오히려 기업 측에 힘을 보태기도 했다. 내부의 분열도 있었다. 도대체 어떻게 그렇게 힘들고 어려운 싸움을 이겨왔을까? 궁금했다. 하지만 그들의 이야기로는 의문이 해소되지 않았다. 두 번째 인터뷰를 마치고 노트북을 정리하는 중에 조홍영 수석부위원장의 가슴에 새겨진 두 단어가 눈에 확 들어왔다.

'단결·투쟁'

머리를 망치로 맞은 것처럼 멍했다. 그냥 노동자들의 조끼와 머리띠에 항상 쓰여 있었던, 별로 특별하지 않은 단어였다. 너무 자주 봐서 별다른 감흥도 없었던 단어였다. 그렇게 자주 봐왔던 단어가 갑자기 낯설게 보였다. 이종화 위원장의 삶을 읽기 위해 노동조합에 대해 이것저것 알아보았을 때 나왔던 노동삼권의 '단결권'과 '단체행동권'이 여기 있었다. 단결권과 단결은 같은 말이다. 쟁의권이라고도 하는 단체행동권은 투쟁과 같은 말이다. 순간 눈앞이 밝아지며 그들이 이겨왔던 비밀을 알 것 같았다. 그들이 그토록 힘겨운 싸움을 이겨왔던 비밀은 '단결·투쟁'이었다.

하지만 내가 머리로 이해하던 '단결권'과 그들의 가슴에 새겨진 '단결'의 간격은 멀었다. 내가 컴퓨터 앞에 앉아 이해했던 '단체행동권'과 그들의 가슴에 새겨진 '투쟁' 사이에는 건널 수 없는 강이 놓여 있었다. 바로 믿음과 실천이었다. 믿음과 실천을 지나지 않으면 그들이 외치는 '단결·투쟁'을 알 수가 없었다.

단결과 믿음

그들이 힘들고 어려운 싸움을 이길 수 있었던 첫 번째 이유는 단결했기 때문이다. 그리고 그들의 단결에는 그동안 내 눈에 보이지 않았던 '믿음'이 숨겨져 있었다. 그들은 무엇을 믿었을까? 그들은 자신의 옆에서 함께 투쟁했던 동지들을 믿었다. 옆에 있는 동지가 없으면 자신도 없었다.

단결은 자신이 큰 회사의 단지 작은 부속품으로만 존재하지 않게 만드는 힘이었다. 단결은 자신이 하는 일의 가치를 확인받는 일이었고, 자신의 가치를 세상에 내보이는 일이었다. 당당한 한 명의 노동자로 서기 위해서는 단결하지 않으면 안 되었다. 믿음으로 이루어진 단결은 끈끈한 정이었고, 동지애였다.

하지만 그들에게 단결은 더욱 어려운 일이었다. 그들은 같은 회사를 다니는 동료가 아니었다. 자신의 기술 하나를 믿고 떠돌아다녀야 하는 비정규직, 단기 하청노동자들이었다. 그들은 소속감을 느낄 수 없이 이리저리 회사를 옮겨 다녀야 하는 처지였다. 여기 아니면 다른 곳으로 가서 일하면 되었다. 다른 곳에도 노동조합은 있었고, 그곳에 가서 노동조합에 가입하고 그곳에서 일하면 되었다.

하지만 그들은 동료의 곁에 함께 섰다. 잠시 다른 곳에 갔다 오더라도 자신 있어야 할 곳은 울산이라 생각했다. 그들은 '나 하나쯤이야' 하면서 빠져나가지 않았다. 오히려 그들은 '나 하나라도' 하는 마음으로 힘을 보태고자 했다. 함께 어렵고 힘들고, 위험한 일을 하면서 쌓아온 정이 그렇게 하게 했다. 뭔가 잘못된 것을 바로잡고 싶은 마음이 그렇게 하게 했다. 노동자를 무시하고 천대하는 더러운 세상이 그렇게 하게 했던 것이다.

투쟁과 실천

그들이 힘들고 어려운 싸움을 이길 수 있었던 두 번째 이유는 투쟁했기 때문이다. 그들의 투쟁에는 그동안 내 눈에 보이지 않았던 '실천'이 숨겨져 있었다. 실천 없는 투쟁이 어디 있겠냐마는 나는 그것을 몰랐다. 실천은 의식적으로 행하는 행동이다. 하겠다고 생각만 해서는 아무

일도 일어나지 않는다. 생각만 하는 일은 얼마나 쉬운가? 실천이 없으면 정말 아무것도 아니다. 생각과 실천 사이에는 어마어마한 거리가 있다. 그러니 투쟁은 말로 하는 것이 아니라, 실천해야만 하는 것이다.

그들은 동지들과 함께 계속 '투쟁'했다. 자신들의 목소리를 담은 전단지를 돌리며 시민들에게 자신들의 뜻을 알렸다. 단체교섭에 응하지 않았던 기업들에게 계속 단체교섭을 요구했다. 그들의 요구는 철저하게 무시당했다. 그럼에도 그들은 요구를 멈추지 않았고, 동시에 투쟁했다. 하지만 정부도 기업도 자세조차 고쳐 앉지 않았다. 결국 그들은 파업을 선택하지 않을 수가 없었다. 파업하지 않으면 아무도 그들의 목소리에 귀 기울이지 않았기 때문이다. 단체행동권은 절박한 순간에 쓰는 마지막 무기였다. 파업은 인간답게 살기 위해 자신의 밥줄을 끊으며 저항하는 마지막 수단인 것이다.

하지만 그들이 파업하는 순간, 공권력이 덤벼들었다. 그동안 기업 측의 부당한 불법행위에는 꿈쩍도 않고 눈 감고 있던 공권력이 노동조합의 합법적인 파업에는 신속하고 빨리 움직였다. 그동안 조용히 있던 언론도 이빨을 드러냈다. 노동조합을 물고 뜯고 짓밟았다. 그런 속에서 투쟁하지 않으면 어땠을까? 합법적으로 정당한 요구를 하는데도, 부당하고 불법적으로 깔아뭉개는데 가만히 두들겨 맞고 있어야 하는 것일까? 아니다. 싸워야 한다. 옆에 있는 동지들과 함께 싸워 이겨야 한다. 자신들이 겪고 있는 현실의 부당함을 알리고, 제발 '법'대로라도 하라고, 인간답게 살고자 하는 것이 무슨 잘못이냐고 따져 묻고 싸워야 한다.

그들이 끊임없이 실천했던 것은 무엇일까? 그들은 매일 새벽 5시에 회사 앞에서 동료들에게 노동조합의 뜻을 알렸다. 그들은 땅바닥에 앉아 소리쳐 외쳤고, 경찰서를 찾아가 항의하고, 시청에 찾아가 면담을 요청하고, SK 정문 앞에서 싸웠다. 다음 날도, 또 다음 날도 그들은 계속 싸웠다. 아무리 옳은 뜻을 가지고 있어도 실천하지 않으면 아무런 소용이 없다는 것을 그들은 잘 알고 있었다. 더군다나 실천은 끝이 없다. 계속되지 않으면 멈춰버린다. 그들은 그것을 알고 있었다.

조홍영 수석부지부장의 가슴에 새겨진 '단결·투쟁'을 보고 망치로 얻어맞은 것 같은 그 순간, 나는 비로소 알 수 있었다. 내가 컴퓨터 앞에 앉아서, 여기저기 정보를 모으고 정리하면서 이해했던 '노동조합'은 껍데기와 같았다. 내가 이해했던 노동조합은 그들이 만들어온 '전국플랜트건설노동조합 울산지부'와 너무나 달랐다. 나는 알았다. 지속적으로 실천해왔기 때문에 지금의 그들이 있다는 것을. 그렇게 서로 믿으며 함께해왔기 때문에 지금의 그들이 있다는 것을. 그들은 '단결'과 '투쟁'으로 살아 움직이는 노동조합의 역사를 쉼 없이 만들어가고 있었다.

이런 생각 끝에 이종화 위원장이 딸의 숙제를 위해서 썼던 일대기를 다시 보게 되었다. 아래는 그가 남긴 일대기의 마지막 부분이다.

플랜트 노동조합으로 들어가다

그러던 중 또 한번 운명을 바꾸는 사건이 생겼다. 2004년 1월 내가 일했던 플랜트 건설 현장에 노동조합이 생긴 것이다. 나도 전혀 모르는 사람들이 나도 모르게 자기들끼리 초대 위원장 박해욱 씨를 중심으로 2004년 1월 6일 노동조합을 결성했다. 나는 이 소식을 며칠 후에 듣게 되었다. 처음에는 맞는 것 같기도 하고, 아닌 것 같기도 했는데 1월 19일 창립보고대회를 크게 한다는 소식이 지역에 퍼졌다. 그때쯤 나랑 옛날에 함께 일했던 친구가 나에게 연락을 하기도 했다. 1월 19일 울산 종하실내체육관에 갔더니 평생 일용공으로 살아온 나의 옛 동료들이 마룻바닥에 줄을 맞추어 앉아 투쟁 조끼를 입고 구호를 외치고 있었다.

눈물이 왈칵 쏟아질 것 같았다. 플랜트 건설 현장의 실태는 내가 너무나 잘 알고 있었다. 근로기준법조차 지켜지지 않고, 임금 체불과 산재 사고가 빈발하던 무법천지였다. 그 사람들이 왜 노조를 해야 하는지는 내가 너무나 잘 알고 있었다. 나도 예전에 일하면서 노동조합을 만들어볼까 생각도 해보았지만, 도저히 엄두가 나질 않아 포기했었다. 회사 소속이 아닌 떠돌이 일용공들이라 노조가 안 된다고 생각하고 있었다. 그런데 그들이 스스로 뭉쳐 머리띠를 매고 투쟁을 외치고 있었다. 나는 너무 미안하고 감사해서 그날 바로 노동조합에 가입했다. 선거가 끝나면 나도 다시 현장으로 돌아가 작은 역할이라도 하며 함께하리라 생각했다.

당시 2004년 4월 국회의원 선거가 진행되고 있었기 때문에 민주노동당 울산동구지구당 사무국장으로 등록되어 있던 나는 바로 빠져나올 수가 없었다. 나는 선거를 하면서도 선거가 끝나면 지구당 사무장을 그만두고 플랜트 현장으로 돌아간다고 알리고 양해를 구했다.

그런데 노조 합류는 내가 생각한 것보다 훨씬 빨리 다가오고 있었다. 선거기간 중에도 가끔 노조 사무실에 들러 어떻게 되어가나 살펴보고 소문도 듣고 있었다. 당시 플랜트노조는 노동조합 활동을 한 경험 있는 사람들이 없었고, 회사의 방해와 탄압이 겹쳐 매우 어려운 처지에 있었다. 그런데 듣던 것보다 노조 상황이 훨씬 나빴다. 동료들이 막상 노조를 시작은 했지만, 운영에 큰 어려움을 겪고 있었다. 함께 출발했던 일부 사람들이 노조위원장과 사사건건 대립하며 노조를 파국으로 몰고 가고 있었다. 결국 노조위원장과 몇몇 사람만 남겨두고 시비를 걸던 사람들이 모두 간부를 사퇴하고 물러나버렸다. 박해욱 위원장을 압박해 사퇴시키기 위해서였다.

박해욱 위원장이 어떻게 내 소문을 듣고 방어진 우리 집으로 찾아왔다. 도와달라고. 나도 노조에 대한 내 마음과 당시 내 상황을 이야기하고 4월 선거가 끝나면 합류하겠다고 이야기를 했다. 이렇게 해서 나는 처음에는 주변에서 돕는 역할만 하려던 내 생각과 다르게 훨씬 빨리 노조 활동의 중심에 들어서게 되었다. 2004년 4월부터 나는 대외협력국장으로 시작해서 그해 9월 조직국장으로 자리를 옮겨 전력으로 노동조합 일을 시작하게 되었다.

플랜트 노동자들의 삶의 터전

당시에는 상근자 임금이 한 푼도 없던 시절이었다. 민주노동당 사무장 때도 그랬고 나는 또다시 전적으로 아내에게 의존해서 생계

문제를 해결하고 있었다. 나보다 더 대단한 분이 박해욱 위원장이었다. 나보다 5살 더 많은 분이 사회운동 경험도 전혀 없이 50세에 노동운동을 시작했다고 한다. 임금 한 푼 없이 갖은 고생을 하면서도 한창 돈 많이 들어가는 중·고등학생 딸을 두 명 두고도 버텼다. 그는 생활비가 부족하자 집을 팔아 전세로 옮기며 투혼을 불살랐다. 그런 모습을 보고 거의 평생을 운동으로 살아왔던 나도 감동했고, 불평은 생각도 할 수 없었다.

2005년 마침내 총파업이 벌어졌다. 1,000명에 가까운 노동자들이 76일 동안 파업을 벌였다. 하루 벌어 하루 먹고 산다는 일용직 노동자들이 76일 동안 파업을 한 것이다. 근로기준법을 지키라는 요구였고, 법률에 정해진 권리를 보장하라는 요구였음에도 끝내 사용자들과 정부는 외면했으며 결국 충돌이 벌어졌다.

노동자들이 쉽게 포기할 줄 알았으나, 기적적으로 끝내 포기하지 않았고 '76일 파업'의 대기록을 세우게 되었다. 우리 플랜트 노동자들이 이렇게 할 수 있었던 것은 평생 쌓인 한과 설움이 분노로 터져 나왔기 때문이다. 나는 이 투쟁을 위원장과 함께 진두지휘했으며 이 파업이 절반의 승리로 끝났을 때 자진 출두해서 구속되었다. 나는 다행히 항소심에서 집행유예 판결로 6개월 만에 풀려났다. 박해욱 위원장은 1년 6개월의 징역을 받았다.

나는 석방되자마자 흐트러진 조직을 추스르기 위해 2006년 1월 단독 출마로 위원장이 되었고, 그때부터 지금까지 사실상 노조에서 중심적 역할을 맡고 있다. 2012년 예상치 못한 폭행 사태로 구

2005년 '76일 파업' 당시 연단 위에서 구호를 외치는 이종화 조직국장

속되었다. 평생 원하던 노동운동을 마음껏 하고 있으나 매우 힘든 게 사실이다. 나는 노동자로 사는 게 꿈이었으나 노동자로 사는 게 이렇게 힘든 줄은 몰랐다. 힘들지만 그래도 큰 보람을 느끼는 세월이었다. 좋은 사람들을 많이 만났고, 아름다운 추억이 켜켜이 쌓여 있다. 지금 플랜트노조는 매우 튼튼하게 자리 잡고 있고, 현장도 많이 개선되었다. 나는 결코 플랜트노조를 떠나지 않을 것 같다. 나와 동료들의 피눈물로 일구어진 노동조합이고 플랜트 노동자들의 삶의 터전이기 때문이다.

2005년 '76일' 간의 파업을 통해 얻어냈던 합의서는 휴지조각이 되었다. 그들은 상처만 가득 안고, 처음부터 다시 시작해야 했다. 하지만 그들은 다시 일어섰다. 상처뿐인 영광을 뒤로하고 그들은 다시 파업을 선택했다. 2006년 '울산건설플랜트노조위원장 이종화'는 '단결·투쟁'이라고 쓰인 붉은 머리띠를 다시 묶었다.

일의 의미와 방법을 배워야 한다. 일은 무조건 많이 할수록 좋다. 청소건 정리 정돈이건 설거지이건 하찮아 보이는 일이라도 가치 없는 일이 없단다.

처음 하는 일, 많이 안 해본 일은 서툴 수밖에 없지만, 많이 해보고 안 해보고를 말하기 전에 일을 대하는 태도가 중요하단다. 성의 없이 하는 둥 마는 둥 하는 태도는 그 사람의 마음가짐을 나타낸단다. 내가 안 하면 다른 사람이 하든지, 또는 불편을 겪어야겠지. 내가 생활하는 데 소용되는 모든 것이 다른 사람의 노력으로, 일로써 생긴 것이란다.

나는 이렇게 다른 사람들에게 의존해서, 다른 사람의 도움으로 살아가는데 나는 무엇으로 내 역할을 할 것인가. 다른 사람에게 의미 있는, 가치 있는 일을 하게 될까? 이것이 일을 성심껏 해야 하는 이유다. 청소건, 정리 정돈이건 소중하지 않은 것이 무엇이 있겠니? 작은 것 하나라도 성의껏 하고 마음으로 해야 한다.

이종화가 당신에게 보내는 편지 _2012.10.07.

더 넓은 세상으로

전국플랜트건설노동조합의 탄생

이종화 조직국장은 2005년 '76일 파업'이 끝나고 6개월간 구속·수감 되었다. 2006년 출소 후에 울산건설플랜트노동조합 2대 위원장으로 선출되었다. 하지만 2005년 파업의 여파로 인해서 다수의 조합원이 타 지역에서 근무하고 있는 상황이었다. 이종화 위원장은 남은 조합원들과 함께 조합원을 늘리기 위해 불철주야 노력하였다. 그리고 다시 1,000여 명 수준의 노조원을 바탕으로 파업투쟁에 나선다. 그리고 비록 2005년과 같이 사회적 협약 수준의 낮은 단계이지만, 최초의 단체협약을 체결하게 된다.

현장 장악력은 취약하였지만, 집행부의 헌신적인 노력과 희생을 통해 노동조합 활동을 유지하던 시기였다. 공권력의 탄압은 여전하였다. 공권력은 대규모 구속과 사법 처리 등으로 노동조합의 활동을 하지 못하게 함은 물론, 조직 자체를 붕괴시키기 위해 노골적으로 이빨을 드러내곤 하였다. 현장의 노동조건은 여전히 열악하였다. 이러한 상황 속에서도 형식적인 단체협약의 틀을 마련하였으며, 꾸준히 조합원을 조직화하는 노력을 멈추지 않았다.

2006년 3월 18일 발언하는 이종화 위원장

2007년 8월 5일 전국플랜트건설노동조합 창립 발기인대회 모습

과 자주, 민주, 통일에 기여하고자 '전국플랜트건설노동조합' 을 결성하고 이 규약을 제정한다."

안정적인 운영의 발판을 만들다

한편 2007년부터 SK에서는 중질유분해공장(New FCC)의 착공을 시작했다. New FCC는 약 2조 원이 투입된 초대형 플랜트로 이로써 SK는 국내 정유사 최대 생산능력을 갖춰 SK에너지 고도화 비율이 기존 9%대에서 14.5%까지 늘어나게 되었다. 하지만 SK는 이 과정에서 노동조합 배지를 착용한 조합원들의 출입을 막고 출입증을 강제로 회수하는 등의 부당노동행위를 벌였다. 플랜트노동조합은 강력하게 대응했다. 그리고 11월 1일 총파업에 돌입한다. 파업은 11일 만에 마무리되었다.

플랜트노조는 잠정 합의안 찬반투표에서 노조원 889명이 참가해 찬성 719명(80.9%), 반대 159명(17.9%)으로 합의안을 가결했다. 이에 따라 플랜트노조 노조원들은 12일부터 SK의 신규 New FCC 등 울산지역 플랜트 건설 현장에 복귀했다. 단체협상 합의안은 △주 40시간 만근 시 1일 유급휴무, △설과 추석 각 3일 휴무(유급휴무 1일), △부모 사망 시 5일 휴가(유급 2일), △연 15일 유급휴가 등 37개 조항이다.

2008년부터 이문희 지부장과 박해욱 지부장이 울산지부를 이끌었다. 2009년 8월부터 이종화 위원장은 박해욱 지부장과 함께 수석부지부장의 위치에서 울산지부 발전을 위해 헌신한다. 이 시기에 각 분회별로 소대 체계가 확립되었고, 현장별 출투와 선전전이 자리 잡았다. 또한

2007년 8월 5일에는 드디어 전국플랜트건설노동조합이 탄생했다. 전국플랜트건설노조 통합준비위원회는 울산 근로자종합복지회관에서 노조 창립 발기인대회를 열어 규약을 제정하고 초대 임원을 선출했다. 초대 임원으로는 위원장 윤갑인재, 사무처장 마성희, 부위원장 이종화, 김진배, 홍순각 지부장이 선출됐고, 손명진, 김달호 회계감사도 함께 뽑혔다. 이로써 포항, 울산, 서산, 광양, 순천의 플랜트 노동자가 모두 하나의 노조 깃발 아래 하나의 조합원이 되었다. 이종화 위원장은 전국플랜트건설노동조합 부위원장이자, 울산지부 지부장이 되었다. 현재의 전국플랜트건설노조를 결성 순서대로 보면 포항지부, 여수지부, 전남동부경남서부지부, 울산지부, 충남지부, 전북지부, 경인지부, 강원지부까지 이렇게 총 8개의 지부와 직종별 분회로 구성되어 있다.

전국플랜트건설노조는 〈출범 선언문〉을 통해 전체 건설노동자들이 함께 투쟁할 수 있는 건설산별노조를 만들기 위해 노력하고, 민주노조 운동의 발전을 위한 노력을 아끼지 않으며, 건설노동자들의 계급적 연대, 국제적 연대를 강화해 전 세계 건설노동자들의 해방을 위해 힘차게 투쟁할 것을 선포한다. 또한 전국플랜트건설노동조합은 규약의 전문을 통해서 조합이 지향하는 바를 명확히 밝혔다. 규약의 전문은 아래와 같다.

"우리는 이 사회의 중추산업인 건설산업 노동자로서 직종, 업종, 그리고 지역과 정규, 비정규직의 차별을 뛰어넘어 대동단결로 자주적이고 민주적인 노동운동을 통해 열악한 노동조건을 개선하고 안전한 작업환경을 확보하며 노동3권을 쟁취함으로써 건설노동자의 정치, 경제, 사회, 문화적인 지위향상을 도모하고 사회개혁

끊임없는 현장 투쟁과 출투와 선전진을 통해서 조합원이 지속적으로 증가하면서 노조가 안정적으로 운영될 수 있었다. 이를 바탕으로 2010년에는 기능학원을 열어 조합원들의 기능향상에 큰 기여를 할 수 있게 된다. 2011년에는 대한유화 온산공장 정기보수 공사를 필두로 강력한 현장투쟁을 전개한다. 또한 여수지역건설노동조합이 전국플랜트건설노동조합 여수지부로 조직을 전환하게 된다.

새로운 적, 어용노조가 만들어지다

2012년 5월에는 박해욱 지부장이 전국플랜트건설노동조합 위원장 출마로 사퇴하게 되면서 당시 이종화 수석부지부장이 보궐로 다시 울산지부장에 선출된다. 하지만 '동서석유사건'과 '동부사건'으로 이종화 지부장과 이문세 제관분회장, 그리고 조직국장이 함께 구속되는 일이 발생한다. 이종화 지부장은 이 사건으로 1년 6개월을 선고받고 수감된다. '동서석유사건'과 '동부사건'은 어용노조가 만들어짐으로써 발생한 일이다.

2011년 7월 1일부터 복수노조의 설립이 허용되고, 노조 교섭 창구의 단일화 절차가 도입되었다. 하지만 노조 활동의 민주성을 높이고, 사업주의 경영 투명성을 확대하기 위해 도입된 복수노조는 도입 초기부터 제 역할을 하기도 전에 기업에 의해 부정적으로 이용되었다. 복수노조 시행 직후부터 삼성에버랜드와 유성기업 등에서 시작된 '어용노조 활용' 부당노동행위는 꾸준히 지속되고 있다.

2017~2023년 7년 동안 법원이 선고한 부당노동행위 형사 1심 판결 168건 중, 회사가 어용노조를 직접 설립하거나 지원한 부당노동행위로 유죄가 인정된 사건은 16건이었다. 대부분이 기존에 설립된 노조를 와해할 목적으로 어용노조를 설립한 사례다. 어용노조로 피해를 본 노조의 상급단체는 14건이 민주노총으로, 민주노총 소속 노조 무력화를 위해 사용자들이 어용노조를 설립한 것으로 해석된다.[14]

'동서석유사건'과 '동부사건' 역시 사용자 측에서 기존 노조를 와해시키기 위해 만든 사건에 가깝다. 2011년 12월 SK가 배후가 되어 국민노총 플랜트노조가 만들어진다. 그리고 곧 '국민노총에 가입하지 않으면 SK에 못 들어간다'는 소문이 돌았다. 실제 SK는 플랜트 노동자들을 국민노총에 가입하도록 강제하였다. 국민노총은 회사를 등에 업고 '강제가입'이라는 불법 행동으로 조합원들을 핍박하고 노조 파괴 활동을 대놓고 벌였다.

동서석유사건은 사용자가 노조를 와해시키기 위해 회사 관리자 지위에 있는 자를 위원장 자리에 앉히고, 노동자와 전혀 관련이 없는 동네 깡패들과 운동선수들을 불러와 노조 간부를 시키면서 노조와 충돌을 일으켜왔던 과정에서 발생한 사건이다. 동부사건 역시 이러한 상황에서 회사 출입문 앞에서 노동조합 활동을 하던 조합원을 자극하여 우발적으로 폭력 사건이 벌어지게 된 것이다. 사용자 측에서 복수노조법을 악용하여 어용노조를 만들어서 강제로 가입을 시키고, 끊임없이 기

14 "교섭권 빼앗으려…회사가 '어용노조 가입' 노골적 압박" _한겨레, 2024.05.20.

존 노조와 충돌을 유발하면서 사건을 만들어낸 것이다. 이종화 지부장은 이 사건으로 1년 6개월의 수감 생활을 마치고 2014년 3월에야 석방된다.

당시 이종화 지부장은 이문세 제관분회장과 함께 수감된다. 아들의 돌잔치를 앞두고 수감된 이문세 분회장에 대한 염려가 컸으나, 다행히 이문세 분회장은 아들의 돌잔치 전에 석방되게 된다. 당시 함께 수감되었던 이문세 제관분회장에게 보낸 편지에는 이종화 지부장의 인간적인 모습이 고스란히 담겨 있다.

문세야! 제수씨 보세요!
21일 오후 6시에 종혁이 돌잔치 한다면서요? 진주교도소 이감 오면서 하마터면 축하 인사도 못 할 뻔했습니다. 나도 종혁이 첫돌이 오기만을 기다렸습니다. 문세가 나가고 온 가족이 모여 앉아 종혁이 첫돌을 축하하는 기쁜 날이 오기를 기다렸는데 그것이 이번 주말이군요.

세월이 그렇습니다. 기다리면 지루한 듯하여도 지나고 나면 금방입니다. 이제 작은 소원이 하나 풀렸습니다. 제수씨 애를 태웠는데 고생하신 만큼 앞으로 더 행복하시기 바랍니다. 힘들었지만 결코 무의미한 시간은 아니었습니다. 종혁이 앞날에 축복으로 돌아올 것입니다.

힘든 때도 견뎌낸 만큼 앞으로 더 행복하시길 바랍니다. 종혁이 첫돌을 축하드리며 아빠의 동지로, 멋진 사나이로 자라나길 축원

합니다. 제수씨 고생 많으셨습니다.

문세야! 나도 마무리 잘 하고 곧 나갈게. 종혁이 돌잔치에 동지들이 특별히 생각하고 넘쳐나길 빌어본다. 마음은 나도 참석이다. 축하하고 또 축하한다. 그리고 연말연시 훈훈하게 잘 보내라. 제수씨 잘 챙기고.

2013.12.18. 진주교도소에서 종화 형이

권위적이지 않은 단단함

이종화 위원장은 2014년부터 2020년까지 전국플랜트건설노동조합 4기, 5기 위원장으로 선출되어 활동한다. 2016년에는 건설산업연맹 위원장 직무대행의 역할도 맡게 된다. 노동자를 위한 그의 삶은 멈출 줄을 모르고 지속된다.

"선출되고 나서부터 정말 정신없이, 또 그만큼 열심히 일을 했어요. 우리가 그 당시 가장 중요하게 생각한 것이 산별 교섭이었거든요. 그게 제일 중요한 일이라고 생각했어요. 지금도 우리가 각 지구별로 교섭을 하는데, 이것을 한꺼번에 묶어서 교섭하자는 것입니다. 이것을 해보자는 것이 우리가 출마했던 첫 번째 목적이었거든. 그것을 하려고 하면 각 지부들하고 지속적으로 소통하고 이래야 되잖아요. 그런 것들을 가지고 계속 이야기하고 했던 것이죠.

큰 틀에서 그렇게 하는 것에 대해서는 많이들 공감을 하거든요. 박해욱 초대위원장도 같은 뜻이었어요. 전체를 묶어서 하지 않으면 어렵다, 왜냐하면 우리는 계속 전국을 떠돌아다니는데 갈 때마다 노동조건이 다르면 안 되는 거 아니냐, 묶어야 된다. 그런데 세부적으로 보면 각 지부별로 특징이 다 다르기 때문에 이걸 맞춰가는 것이 매우 어렵습니다. 지역별로 업종에도 약간씩 차이가 있기 때문에 쉽지가 않은 것이죠. 그런 속에서도 진짜 열심히 했어요. 종화 형이 운동도 열심히 했지만 노동운동도 진짜 열심히 했어요. 노동조합에 대한 일은 흐트러짐이 없는 사람이었어요."

본조에서 이종화 위원장과 사무처장으로 함께 일을 했던 이주안 전국플랜트건설노조 위원장의 말이다. 막걸리 좋아하고, 운동 좋아하고, 지는 것 싫어하고, 권위적이지 않고, 사람 좋아하고, 무엇보다 자기 관리가 철저하면서 변치 않는 생활 태도를 가진 사람. 이주안 위원장이 기억하는 이종화 위원장의 모습이다.

"종화 형은 예를 들어서 '나중에 입장이 곤란하게 되는 거 아니냐' 이런 이야기를 해본 적이 한 번도 없어요. '명색이 위원장인데' 이런 태도가 아예 없어요. 으레 본인은 그냥 손이 모자라면 '나도 해야지' 이런 주의가 있어서, 무슨 일이든 빼본 적이 한 번도 없어요. 권위적이거나 이런 모습이 전혀 없는 거예요. 그런 게 오히려 조합원들한테는 더 친근하게 느껴지게 하고, 또 더 신뢰를 갖게 하고 그랬을 것 같아요."

나는 거대 담론에 대한 논쟁보다
내가 발 딛고 있는 자리에서의
실천적 과제를 중시한다.
지금도 나와 같은,
어쩌면 나보다 더한 심정에서
고민하고 노력하는 사람들이 있고,
그 힘이 결집하면 가능하다고 본다.

가을이 오니 또 그대로 어려움이 있네.
일교차에 적응하기 힘들고,
초가을 징역 냉기가 차갑다.
언제나 어렵지!
건강 조심해라.
나도 무쇠처럼 밀고 나간다!
또 소식 전해다오. 투쟁!

이종화가 당신에게 보내는 편지 _2013.10.04.

잊지 말아야 할 마음

세상을 바꾸는 뒤집기 한판!

그는 전국플랜트건설노동조합의 위원장으로서 다른 노동조합 위원장들과 소통하면서 우리 사회의 노동문제를 해결하기 위한 다방면의 노력을 기울인다. 그러면서도 그는 항상 현장에서 땀 흘리며 일하는 노동자를 잊지 않으려 했다. 그들이 있기에 자신이 있을 수 있음을 잘 알기 때문이었다.

그는 노동하는 사람이 세상의 주인이라는 생각을 한시도 잊은 적이 없었다. 평생을 노동자의 삶을 위해서 살아왔지만, 한계에 부딪힐 때도 많았다. 소리를 높여 법과 제도를 지키라고 외쳐왔지만, 그 법과 제도 자체가 부당한 경우도 많았기 때문이다. 당시 유행하는 말이 '헬조선'이었다. 청년, 농민, 노동자, 빈민, 장애인 등 모두 삶을 이어가는 것 자체가 버거웠다. 하지만 삶의 조건을 바꾸는 일은 쉽지 않았다. 노동의 가치와 땀의 가치가 제대로 대접받을 수 있는 세상을 위해서는 법과 제도를 바꿔야만 했다. 그렇게 하기 위해서는 더 큰 힘이 필요했다.

"영등포 식당에서 한상균 위원장을 처음 만났어요. 저하고 이종화 위원장하고 가고, 그쪽에서도 한상균 위원장하고 한 분이 더 나오셨어요. 그런데 이종화 위원장이 처음 한 말이 '나 당신 싫어하는데, 나 당신 안 찍었어'였어요. 사실 몇 가지 정책적인 측면에서 우리와 다른 면이 있었거든요. 처음 만난 자리에서 처음 하는 말이 그랬으니, 깜짝 놀랐죠. 그런데 이상하게도, 얼마 안 있어서 둘이 급속하게 가깝게 지내더라고요. 뭐 서로 통하는 게 있었나 봐요."

이주안 위원장의 말이다.

이후부터 이종화 위원장은 수많은 노동조합 위원장들은 물론, 진보적인 사회단체를 이끌어가는 이들과도 자주 만났다. 특히 민주노총 한상균 위원장과 전국건설노동조합 장옥기 위원장과는 마음이 잘 맞았다. 조금씩 입장이 다른 단체들을 만나 서로의 입장을 확인하고, 함께할 수 있는 일을 정하면서, 일하는 사람들이 행복한 세상을 만들기 위해 열심히 뛰었다. 그렇게 해서 그와 같은 뜻을 가진 많은 이들과 함께 '세상을 바꾸는 11대 요구'를 만들었다.

그렇게 만들어진 '세상을 바꾸는 11대 요구'는 제1차 민중총궐기를 통해서 정부를 강력하게 압박하였다. 제1차 민중총궐기는 민주노총과 53개 시민사회단체들과 연대하여 박근혜 정부의 잘못된 노동정책, 한국사 교과서 국정화, 세월호 참사 진상규명 소홀, 농민문제, 빈곤문제 등에 항의하기 위해서 2015년 11월 14일에 개최되었다. 제27차 전태일 열사 정신계승 전국노동자대회이기도 했다.

첫 번째 주장은 일자리와 노동 문제였다. 쉬운 해고 및 평생 비정규직을 없애고, 노동개악을 중단하고, 모든 노동자의 노동기본권을 보장

제27차 전태일열사 정신계승 전국노동자대회 포스터

2015년 11월 1차 민중총궐기 당시 플랜트노조의 모습

할 것을 내걸었다. 또한 모든 서민의 사회안전망을 강화할 것을 주장하였다. 이와 더불어 재벌의 사용자 책임을 강화하고, 농민들을 위해 쌀 및 농산물 적정 가격 보장 및 TPP 가입을 반대하였다.

또한 민생 빈곤문제를 해결하기 위해 노점단속 중단, 순환식 개발 시행, 장애등급제 및 부양의무제 폐지할 것을 주장하였다. 그 외에도 민주주의, 인권, 자주평화, 청년학생, 세월호, 생태환경, 사회 공공성의 문제를 해결할 방안을 정부에 제시하였다.

당시 플랜트노조는 이종화 위원장의 지도하에서 서울 종로구 대우건설 본사 앞에서 사전집회를 개최한 후 서울 광장에서 개최된 노동부문 본집회에 참여하였다. 본집회 종료 후 차로 행진이 시작되어 행진대열 왼쪽을 맡아, 광화문 광장 진출을 시도하였다.

제1차 민중총궐기는 집회 신고를 사전에 했음에도 불구하고, 경찰은 교통 불편을 이유로 거부했다. 경찰은 차벽으로 시위대의 진입을 막고, 광화문역을 비롯한 주변 전철역을 모두 통제하였다. 경찰 측은 시위진압 규정을 위반하면서까지 지나치게 시위대를 진압하였다. 시위대를 향해 캡사이신이 섞인 물대포를 발사할 때 곡사가 아닌 직사로 발사했으며, 권총 형태 살수총을 사람을 향해 직접 분사하는 등 위험한 모습을 보였다. 한 청년은 경찰이 쏜 물대포에 맞아 뼈와 인대가 끊어졌으며, 구급차로 들어가는 동안에도 경찰이 물대포를 발사하기도 하였다. 결국 이 과정에서 농민 백남기 씨가 경찰의 물대포를 맞아 쓰러진 후, 끝내 사망하는 일이 발생했다.

꺾이지 않는 마음

"민주노총 내에서도 복잡함이 많습니다. 하지만 당시에는 지금은 힘을 모아 싸워야 한다는 데에 모두 이의가 없었습니다. 하지만 뜻이 그렇다고 해서 바로 투쟁 대오가 조직되는 것은 아니거든요. 민주노총 내부에서 실질적으로 투쟁 대오를 만들어가는 것이 매우 중요한데, 플랜트노조가 정말 큰 힘이 되었습니다. 그 과정에서 이종화 위원장님과 말씀을 많이 나눌 수 있었는데, 서로 정파가 달랐는데도 저와 정말 많은 부분에서 잘 맞았습니다."

당시 민주노총 한상균 위원장의 말이다. 한상균 위원장은 이종화 위원장을 매우 든든하게 생각했다. 둘은 동갑내기로 서로 친구이며 동지로 지내며 많은 이야기를 나누었다고 한다. 술자리에서도 노동자들이 행복한 세상을 만들기 위해서 할 수 있는 일들을 이야기 나누며 의기투합하고는 했다고 한다.

1차 민중총궐기는 이후 2차, 3차, 4차로 이어지며 한국 사회의 변화를 꿈꾸는 민중들의 힘을 보여주었다. 하지만 경찰은 민중총궐기 집회 주최자를 전원 검거하기로 한다. 이종화 위원장과 민주노총 한상균 위원장을 비롯한 많은 사람이 체포되기에 이른다. 이종화 위원장이 공소된 죄명은 '일반교통방해'였다. 시민들의 절절한 목소리를 막는 수단이 고작 '교통방해'였던 것이다. 하지만 이들의 뿌린 민중총궐기는 이듬해 '촛불혁명'으로 이어져 결국 박근혜 정부를 탄핵시키게 된다. 이종화 위원장은 촛불혁명이 본격적으로 시작되는 2016년 9월부터 2017년 3월까지 감옥에서 촛불혁명을 지켜보게 된다. 이어지는 한상균 위원장의 이야기다.

"감옥에서도 서로 편지로 의견을 나누었습니다. 노동운동, 노동자 계급의 관점으로 현 위기를 어떻게 극복할 것인가 하는 이야기를 나누었습니다만, 서로의 뜻이 아주 잘 통하는 동지였습니다. 사실 민주노총 위원장으로 느끼는 어려움 중에 자기 노선의 이익을 우선하는 작고 협소한 모습을 보이는 운동가들이 제법 있거든요. 하지만 이종화 위원장은 대의적이고 거시적인 시각을 가지고 있는 분이었어요. 매우 품이 넓은 분이었고요. 약속은 반드시 지키는 언제나 신뢰할 수 있는 동지이기도 했습니다. 이 부당한 세상을 확 뒤집어엎어야 하는데 그런 세상을 언제 만들 수 있을 것인가를 함께 이야기 나누었습니다. '우리가 더 힘을 내야 노동자들이 발 뻗고 잘 수 있는 날이 온다'며, '아직 할 일이 많다. 더 힘을 내야

힌다'는 이종화 위원장의 이야기가 아직도 생생합니다."

이종화 위원장은 6개월의 수감 생활을 마무리하고, 2017년 3월 8일에 석방된다.

기다리던 경칩이다! 날은 어김없이 변해 완연히 풀렸다. 야금야금 양적 증가가 어느새 겨울을 저만치 멀리 밀어버리고 떡하니 봄이 되어 있고, 겨울은 눈치를 보며 잔재만 남기고 있다. 이미 대세는 봄으로 기울었다.

가야 할 길이라면 멀고 높은 길일수록 신념을 굳게 먹고, 하루하루를 치열하게 살 일이다. 눈 딱 감고 앞만 보고 가는 거라고 얼마나 많은 사람이 그렇게 말했던가. 진리와 지혜는 가까이에 있다. 결코 멀리 있거나 신비롭지 않다.

_2017년 3월 5일.

그가 석방 사흘 전에 남긴 일기이다. 그가 맞는 봄은 우리 사회가 맞는 봄과 다르지 않았다.

그들을 다시 만나다

울산플랜트노조의 2004년과 2024년을 알고 나서 박해욱, 이문희, 강상규, 조홍영 그들을 다시 만났다. 처음보다는 편했고, 처음 만났을 때보다 훨씬 더 그들이 대단해 보였다.

송민수: 이종화 위원장님이 정말 많은 일을 하신 것 같아요. 이종화 위원장님이 적극적으로 일을 만드셨나요?

이문희: 많이 만들었지. 쉬운 일이면 말도 안 해. 어렵고, 하기 힘든 일만 벌였어. 종화가 나한테 그런 거를 요구했을 때, 정말 내가 이걸 들어줄 수 없는 상황인데도 종화는 끝까지 나를 붙잡고 안 놔줘.

송민수: 정말 끈질기셨나 보네요.

강상규: 끈질긴 게 아니고 사기성이 얼마나 센지, 얘기를 듣다 보면 혹해. 우리 노동조합에 사기꾼 두 마리가 있다고, 내 말이 아니고 우리 형님들이 항상 이야기를 한다. 박해욱하고 이종화라고 거기가 사기꾼이라고.

박해욱: 아이, 내는 아니다. 진짜 거의 실현 불가능한 것도 그럴듯하게 선동하는 게 종화다.

강상규: 정말 세기의 사기꾼들이야. 순진한 조합원들을 선동해가지고 말이야. 이제 조금만 더 버티면 된다고, 조금만 더 싸우면 곧 이길 수 있다고. 그래서 20년을 온 거라니까. 하하하.

이문희: 제일 큰 피해자가 나야. 내가 맨날 안 된다고, 안 된다고 해도, 된다네. 그래서 가만히 종화 말을 듣다 보면 될 것도 같잖아? 그래서 지금까지 이라고 있다.

강상규: 맞다. 맨날 그랬다. '다 잘 된다' 하고, 마 '이제 다 끝났다' 카고, 또 뭐야 '고지가 멀지 않았다.' 카고. 이상하게 그러면 또 그런 줄 알았다니까. 하하하.

조홍영: 하하하. 그랬네. 정말 자주 '다 끝났다'고 했네. 그런데 사기꾼은 아니야, 그래도 결국 다 그 말대로 되어왔거든.

강상규: 그래, 시간이 흘러서 지금 보면 사기꾼은 아닌데. 그 좋은 세월을 다 나가리시켜버렸으니까. 그 깨끗하고 순수한 청춘을 해욱이 형하고, 이종화하고 어울리다 보니, 이래 다 지나가버렸다니까.

조홍영: 종화 형님은 꿈꾸는 사람이었어요. 앞에 있는 것만 보질 않고, 저 멀리 있는 걸 보면서 움직였던 것 같아요. 그러니까 임금 올리고, 노동환경 개선하는 것도 중요한데, 그것보다 더 큰 것을 보면서 활동을 한 거죠.

송민수: 사실 죄송합니다만, 처음에 뵈었을 때, 플랜트노조라고 새겨진 조끼를 입고 계셨거든요. 그런데 저는 플랜트노조가 뭔지 몰랐어요. 그래서 인터넷에 검색해보고 나서야 플랜트노조가 뭔지 알았죠.

박해욱: 맞아요. 노조를 처음 만들었을 때도, '플랜트가 뭡니까' 하고 묻는 사람들이 많았어요.

이문희: 아까 내가 그랬잖아. 종화가 나를 설득해서 이런저런 일을 시켰다고. 그중에 종화가 언젠가 나한테 '열린우리당'을 점거하라고 한 적이 있어. 안 한다고, 또 안 된다고 했거든. 그런데 어느 날 보니까 내가 '열린우리당' 당사에 들어가 있는 거야. 하하하. 어쨌든 우리가 당을 점거하니까, 그 당시에 민주당 당원들이 와서 '도대체 당신들이 누구냐?'고 묻더라고. 그때는 검은 조끼를 입고 있었는데, 조끼를 보더니 플랜트노조가 뭐냐고 묻더라고. 그래서 내가 이 공단 지역에 공장을 지어주고, 또 이 공장이 돌아가도록 유지・보수하는 사람들이다. 그러니까 그 사람들이 그런 사람들이 있었냐고 다시 묻더라고.

강상규: 울산 시내에 나와서 유인물 나눠주고 있으면 시민들이 우리가 누군지 전혀 모르는 거야. 사람들이 우리의 존재를 모르는 거야. 나는 몰랐어. 우리가 공장을 다 지어주고, 또 공장이 돌아가도록 해주고, 정규직들이 먹고살 수 있도록 우리가 다 만들어주니까. 당연히 알 거라고 생각했는데….

조홍영: 어디 정규직뿐이겠어요? 뭐 우리가 짓는 공장에서 일해서 밥 먹고 사는 사람들 많잖아요? 그런데 이 사람들은 우리를 아무도 모르더라고.

송민수: 그러고 보니까 정말 노동자를 위한 노동자인데도 사람들이 플랜트 노동자를 잘 모르고 있네요. 저도 잘 몰랐으니까요. 저도 글을 쓰면서 놀랐어요. 이런 분들이 있었네, 공장을 만드는 사람들! 공장이 있으면 그걸 만드는 사람이 있다는 게 당연한 거잖

아요. 그런데 그게 신기했어요. 왜냐하면, 공장 안에서 뭘 만드는 사람들만 생각하지, 공장을 만드는 사람은 생각을 못 하는 거예요. 저 역시 수많은 노동자가 일을 할 수 있도록 공장을 짓고, 유지·보수하는 일을 하는 노동자가 있다는 것을 이종화 위원장님 덕분에 알게 된 셈이거든요.

조홍영: 자동차를 만드는 사람도 당연히 있지요. 그런데 자동차와 같은 상품을 만드는 노동자들이 존재할 수 있는 이유는 그들이 일할 수 있는 공장을 만드는 우리와 같은 플랜트 노동자들이 있기 때문이거든요. 세상에는 수많은 공장이 있습니다. 그곳에서 많은 노동자가 일하고 있지요. 그런데 매일 공장에서 일을 하면서도 자신이 일하는 공장을 짓는 노동자가 있다는 것을 사람들이 잘 생각을 못 하더라고요.

송민수: 그렇네요. 공장에서 물건을 만드는 노동자들이 우리 사회를 만들어왔다고 생각해왔는데, 플랜트 노동자들이 없었으면, 그들이 일할 공장 자체가 없었겠네요. 그러니까 플랜트 노동자는 노동자들의 일터를 만드는 사람들이네요. 뭔가 근본적이고 본질적인 노동인 것 같아요.

박해욱: 비정규직으로 계속 살아왔고 힘든 일을 하면서 우리 사회의 중요한 기반인 공장을 만들어왔지만, 사람들에게는 우리가 보이지 않았어요. 그래도 '76일' 이후로 많은 것들이 바뀌었습니다. 플랜트 노동자들의 존재를 사람들이 인식하기 시작했으니까요.

송민수: 그나저나 혹시 이종화 위원장님이 마지막에 떠나시기 전에 하신 말씀이 있을까요?

강상규: 죽기 직전까지도 나한테 얘기한 게 있죠. 딱 두 가지 얘기를 했어요. 첫 번째는 우리가 겪어왔던 2004년, 2005년의 초심을 잊지 말라고. 절대 잊지 말라고 그래요. 그걸 잊으면 다시 그때로 돌아갈 거라고 하면서 절대로 잊지 말라고 했어요. 사실 지금은 많이 잊어버렸거든. 그리고 두 번째는 이 노조를 이마이 세워놨는데, 이거를 바보 안 만들려면은 이 사회를 바꿔야 된다는 얘기였어요. 플랜트 노동조합만 생각하면 안 된다고. 다른 노동조합, 그리고 노동조합에 가입조차 못 하는 사람들 생각하면서 가야 한다고 그랬어요. 마지막에.

평생을 중단없이 살아가야 하는 게 운동인데,
하루하루를 닦지 않으면
언제든지 때가 끼고 녹스는 게 사상인데,
나는 무슨 생각을 하고 있는가.
진정한 도전은 지금부터이고
지나온 시간은 지나온 시간일 따름.
끊임없이 고치고 새로워지지 못한다면
옛날을 파먹고 사는 퇴행을 면치 못하리.
모처럼 정신을 차리고 둘러본다.

이종화가 당신에게 보내는 편지 _2019.04.28.

노동자, 이 세상의 진짜 주인

2024년의 대한민국에서

노동조합 조직률 13.1%. 2022년 기준 노동조합 가입이 가능한 노동자는 2,070만 명이다. 그중 272만 명이 노동조합에 가입하고, 1,798만 명이 노동조합에 가입하지 않았다. 2천만 명 조금 넘는 노동자 중 1천 800만 명 가까운 노동자가 노동조합에 가입하지 않은 것이다. 그 이유는 무엇일까? 가장 큰 이유는 노동조합에 대한 부정적 인식 때문일 것이다.

대한민국의 많은 사람이 노조에 대해 부정적으로 생각한다. 아니 생각이 아니라, '느낌'이다. 노조를 부정적으로 느끼는 것이다. 생각이야 사실관계를 확인하거나, 오해를 풀면 쉽게 바뀔 수도 있다. 하지만 '느낌'은 그렇지가 않다. 사람들은 어떻게 해서 '노동조합'이라고 하면 부정적 느낌부터 떠올리게 되었을까?

노동조합에 대한 부정적 인식은 언론에 의해 만들어진 이미지의 영향이 크다. 특히, 노동조합 활동이 자신에게 불이익을 준다고 생각하기 때문이다. 왜일까? 노동조합을 적대적으로 생각하는 기업이 끊임없이 부당노동행위를 저지르기 때문이다. 노동조합에 가입하면 감시를 당하고, 업무에 불편을 겪고, 부당한 일을 당하는 경우가 아직도 많은 것이다. 관리·감독해야 할 정부는 이에 수수방관하고, 어렵게 고발 조치를 해도 무혐의로 법원으로 가지도 못하는 경우가 많고, 어렵게 법원으로 가도 무죄가 되거나 처벌을 받더라도 솜방망이 처벌을 받고 있다.

노동조합에 가입해서 활동할 권리는 헌법이 보장한다. 하지만 대한민국에서는 '노조할 권리'를 침해하는 부당노동행위가 넘쳐난다. 그러나 2017년부터 2023년까지 부당노동행위 혐의로 신고된 건수가 5,468건인데 법원 1심에서 실형을 선고받은 사건은 단 8건뿐이다. 0.1%만 실형 선고가 이뤄지고 있는 것이다.[15]

또한 '어용노조'로 정당한 노동조합 활동을 방해하는 경우도 많다. 사용자가 기존의 노조를 견제하거나 회사 입장을 반영하기 위해서 전략적으로 제2, 제3의 노조를 설립하고 지원하는 일이 많다. 2011년 7월 복수노조 시행 직후부터 노조의 교섭권을 빼앗기 위해 삼성에버랜드와 유성기업 등에서 시작된 '어용노조 활용' 부당노동행위는 꾸준히 지속되고 있는 것이다.[16]

20년 전이 아니라, 2024년 현재 대한민국에서 벌어지고 있는 일이다. 정부와 언론도 모두 기업의 편에 서서 노동조합을 공격하기에 바쁘다. 거기에 법원까지도 한통속이다. 노동조합이 자기 밥그릇을 챙기는

15 "'노조 할 권리' 침해신고 0.1%만 실형… 7년간 딱 8건뿐" _한겨레, 2024.05.14.
16 "교섭권 빼앗으려… 회사가 '어용노조 가입' 노골적 압박" _한겨레, 2024.05.20.

것도 쉽지 않지만, 자기 밥그릇만 챙기다가는 모두 무너질 수밖에 없는 이유이기도 하다. 기업은 물론, 정부와 언론 그리고 사법기관까지 이들은 모두 노동조합을 때려잡기 위해 눈에 핏발을 세우고 기를 쓴다.

드라마를 한 편 생각해보자. 일진인 재벌 3세가 있다. 똘마니들인 중소기업 자녀들과 어울리며 학교 친구들을 괴롭힌다. 그렇게 일진에게 학교폭력으로 고통을 당하고 있는데도 불구하고, 선생님도 경찰도 일진들 편이라면 어떨까? 선생님은 일진을 두둔하고, 경찰은 증거가 없다고 하면 어떻게 해야 할까? 일진들이 반 아이들에게 험상궂게 인상을 쓰며 외친다. '니들도 처맞기 싫으면 이 새끼 편에 서지 마라!' 그래서 주변 친구들마저 고통을 당하는 자신에게 손가락질을 해대면, 숨이라도 쉴 수 있을까? 매일 계속되는 폭력 앞에서 어떻게 견디고 살아남을 수 있을까? 대한민국 노동조합의 현실이 딱 이렇다.

노동조합이 가야 할 미래

노동조합에 대한 부정적 정서의 밑바탕에는 공포가 깔려 있다. 군사독재 시절은 말할 것도 없이 정부와 기업은 항상 노동조합을 탄압하며 짓밟아왔다. 그들은 노동조합에 가입하면 인생을 망칠 것처럼 만들어왔다. 2024년 지금도 노동조합 가입한다고 하면 잘했다며 좋아하는 부모님이 있을까? 대부분 자식이 다치거나 부당한 피해를 볼까 염려한다.

우리에게는 기업의 깔끔하고 세련된 이미지와 노동조합의 거칠고 험악한 이미지가 대립을 이룬다. 투쟁을 외치는 노동자들이 폭력적인 것처럼 보이는 것이다. 하지만 빨간 띠를 둘러메고 팔뚝질하는 노동자는 약자다. 약하니까 함께 모여 목소리를 높이는 것이다. 오히려 진짜 무서운 폭력을 행사하는 것은 정부와 기업과 언론이다. 이들의 폭력은 무지막지하고 피할 수도 없다. 그리고 무엇보다 조용하다.

이런 현실 속에서도 전국플랜트건설노동조합은 지속적으로 성장해왔다. 놀라운 일이다. 이들은 열악한 노동환경을 바꾸기 위한 투쟁을 끊임없이 벌여왔으며, 다른 노동조합과 연대 활동 역시 지속적으로 실천하고 있다. 전국플랜트건설노동조합은 플랜트 노동자의 든든한 버팀목이자 빽이다. 많은 플랜트 노동자들이 노동조합을 통해서 인간답게 일할 수 있는 환경을 제공받고 있다.

전국플랜트건설노동조합은 비정규직 노동자들의 노동조합이다. 기간제(계약직) 노동자, 단시간 노동자, 파견 노동자, 특수고용 노동자, 사내하도급 노동자 등이 모두 비정규직 노동자이다. 이들은 언제 일자리를 잃을지 모르고, 임금이나 복리후생에서도 차별에 시달릴 뿐 아니라, 노동법의 사각지대에 놓여 있는 경우가 많다. 또한 조직화하기가 어렵기 때문에 노동조건 개선이나 복지 등의 경제적·사회적 이익을 대변할 수 있는 방법도 마땅치가 않다. 사용자가 직접적으로 고용하지 않거나, 자주 바뀌는 등의 이유로 노동조합을 만들기도 어려운 경우가 많다.

비정규직이 한국만큼 많은 나라는 지구상에 없다. 한국의 비정규직은 노동자의 50%로서 세계 1위다. 아마 2위는 최근 40%를 넘은 일본일 것이다. 유럽에서는 스페인이 30%를 넘는 것으로 악명 높다. 다른 나라들은 이 비율이 10~20%에 불과하다. 뿐만 아니라 선진국의 비정규직은 주로 스스로 원해서 하는 파트타임 노동자들이니 비정규직이라도 별로 불만이 없다. 반대로 한국의 비정규직은 본인이 원하지 않는 타의의 비정규직으로서, 이들에게 정규직은 꿈속의 소원이다. 게다가 한국 비정규직의 월급은 정규직의 60%밖에 안 되는데, 이렇게 큰 차별을 받는 나라도 별로 없다.[17]

플랜트건설노조의 역사는 이러한 어려움을 극복한 모범 사례다. 그리고 플랜트건설노조는 산별노조의 형태를 갖춰가고 있다. 산별노조는 고립·분산적인 교섭과 투쟁의 한계를 극복하고, 강력한 공동교섭, 공동투쟁을 조직해낼 수 있다. 더 많은 사람이 노동조합의 혜택을 볼 수 있는 것이다. 그들은 출범 초기부터 개별 회사의 범위를 넘어설 수밖에 없었다. 그리고 어느 순간 지역의 범위를 넘어서고 있다. 플랜트 노동자들은 전국 어디에서든 직종에 따른 기준 급여를 적용받는다. 플랜트건설노조는 노동조합의 미래를 보여주고 있다고 해도 과언이 아닌 것이다.

노동자가 즐겁게 땀 흘리며 일할 수 있는 세상은 아직 멀기만 하다. 노력한 만큼 보람을 느끼는 사회를 만드는 것이 참으로 어렵다. 그렇기 때문에 더 많은 노동조합이 생기고, 더 많은 사람이 노동조합에 가입해야 한다. 자신이 하는 노동의 가치를 알고, 자신이 당당한 노동자임을 자각할 때, 비로소 세상이 달라질 수 있기 때문이다.

17 "노동법, 개혁이냐 개악이냐?", 경향신문 '시대의 창', 2015.12.10.

심장이 뛰고 있는데, 멈출 수는 없잖아요

이종화 위원장은 실현 불가능한 일을, 많은 사람이 안 된다고 생각하던 일을 동료들을 설득해서 이루어냈다. 그가 누구보다 적극적으로 노동조합 활동을 할 수 있었던 이유는 무엇이었을까? 그에게는 간절하게 이루고 싶은 꿈이 있었기 때문이다. 그에게는 그의 심장을 뛰게 했던, 멈출 수 없는 꿈이 있었다. 그 꿈은 무엇이었을까? 다행히 그가 꿈꾸었던 세상을 짐작할 수 있는 편지가 있었다. 한상균 민주노총 위원장이 옥중에서 이종화 위원장에게 보낸 편지이다. 이들은 무슨 꿈을 꾸었던 것일까?

> 제 꿈은 노조 조직률 50% 달성입니다. 우리 같이 마지막 피 한 방울까지 태워가며 승부를 걸어봅시다. 이승에서 마지막 감옥이니 너무 지루하게 생각 마시고 대나무 매듭 하나 만들고 나간다고 생각하세요. 동지이자 평생의 벗이 된 것을 가문의 영광으로 생각하리다. '광풍제월'[18] 이라 했소. 진심으로 노동자 민중을 사랑한 동지, 우리 함께 태풍이 지나간 자리에 다시 뜨는 달처럼 꿋꿋하게 노동자로 살아갑시다.
>
> _춘천에서 한상균 보냄 2017.01.19.

좋은 곳으로 가셨네요. 운동장 널찍하고 모락산 산세도 괜찮고, 무엇보다 수많은 양심수의 흔적이 남아 있는 곳이지요. 저도 1년

18 光風霽月. 마음이 넓고 쾌활하며 시원스러운 인품을 비유적으로 이르는 말.

정도 살았었습니다. 아무튼 좋은 곳이라 생각하시고 실전 투입할 심신의 준비 단디 하이소.
노동의 봄, 민중의 봄, 겨레의 봄을 앞당겨야 하니까요. 더 급진적이고 더 실천적이고 더더욱 진화해서 대안 세력으로 거듭나야 하니까요. 이루지 못한다고 심장이 뛰고 있는데 멈출 수는 없잖아요. 내 가슴, 우리 마음속에 그 답이 있다는 동지의 지적에 100% 동의합니다. 우리는 남은 삶을 운명처럼 살아야 할 것이오.

_춘천에서 한상균 보냄 2017.02.01.

동지와 저는 이천만 노동자가 행복한 세상을 건설하는 최고의 가치를 위해 남은 인생을 걸기로 하였으니 그것만으로도 청춘의 심장이 뛰는 것이 느껴지네요. 이천만 노동자 중 1,800만 미조직 노동자를 어떻게 한편으로 만들 것인지 그 답을 찾고 계시리라 믿습니다.

_춘천에서 한상균 보냄 2017.05.28.

플랜트 노동자의 노동삼권이 온전히 보장되는 날이 왔으면 좋겠습니다. 그날은 지금부터 준비해야 성과를 낼 수 있을 것이고요. 밖에서 곡차 한잔하면서 할 얘기가 많은데 그날은 가늠할 수도 없으니 매미 소리로 세상사 소리를 가름하며 지내겠습니다. 이곳에서 와서 첫 서신을 동지한테 보냅니다. 금세 찬 서리도 내릴 터이니 올해 더위도 잘 넘깁시다. 건강 잘 챙기세요. 사랑합니다. 투쟁!

_화성에 도착한 날 한상균 보냄 2017.07.31.

이천만 노동자의 심장이 되겠다는 위원장 동지의 각오를 들으니 가슴이 벅차오릅니다. 현장을 믿고 비전을 공감시키면 산별교섭도 가능한 정세가 열릴 것입니다. 위원장 동지의 명쾌한 지도력과 선봉 플랜트 조합원의 결기가 만들어낸 목표는 성취되리라 확신합니다. 이런 엄중한 정세 속에 출마를 결심하신 것은 당연하고 저 역시 격하게 지지 응원하는 동지애를 보냅니다.
민주노총 직선 2기 공식 선전물이 왔습니다. 저임금, 미조직, 비정규직 노동자와 한편이 되고, 노동자로 살아도 사람답게 살아갈 수 있는 세상을 어떻게 구체화할지 민주노총의 설계도를 놓고 멋진 경연을 해주리라 믿습니다. 관련한 고민은 따로 한 번 소통하기로 합시다.
우리는 한 치 앞도 보이지 않던 시절에도 온몸을 던지면서 한 걸음씩 전진해왔습니다. 최악의 상황이 닥칠지라도 말입니다. 민주노총의 소명에 누구보다 뜨거운 열정과 지혜로운 판단력, 너른 품을 갖고 계시는 위원장 동지가 있어 든든합니다. 객지 생활 건강 잘 챙기시구요. 사랑합니다. 투쟁!

_화성에서 한상균 2017.11.18.

분명한 목표가 있고 가슴속엔 이룰 수는 없으나 포기할 수 없는 노동자의 꿈을 간직한 채 한 걸음이라도 전진해가기 위한 열정이 있다면 그 누구도 꼰대라 말하지 않겠지요.

_화성에서 한상균 2018.03.04.

어떤 어려움이 있더라도 결코 포기할 수 없는 길이지요. 그 길에 흰머리 휘날리며 마지막 열정을 쏟을 수 있다면 '노동자로 살다

가서 행복했구나' 말할 수 있지 않을까요. 모진 땅에서 아름다운 꽃을 피우는 민들레 같은 인생은 어쩌면 우리의 운명일지 모릅니다. 창살 밖에 노란 민들레꽃이 변치 않고 말벗을 해주고 있습니다. 건강 챙기시고 힘내십시오. 으랏차차! 힘! 힘! 힘!

_화성에서 한상균 2018.04.29

세상을 바꿀 수 있는 주체

나는 궁금했다. 1992년 그가 출소 후 세상이 많이 변했을 때, 많은 동료가 운동을 떠나고 있을 때도 그는 평생을 노동자로 살기로 결심했으며, 진보 정치를 통해 노동자·민중의 삶을 더 나아지게 만들자는 민주노동당이 가장 빛나던 2004년 그때에도 그는 당직자 생활을 접고, 플랜트노동조합을 선택했다. '도대체 노동자가 뭐라고, 노동조합이 뭐라고 그랬을까?' 하는 의문을 가지고 여기까지 왔다.

이종화 위원장이 남긴 수많은 글을 보며, 그와 함께 싸워온 동지들과 인터뷰를 하면서 비로소 노동자가 어떤 사람인지 알 수 있었다. 누군가는 삶이 잘 풀리지 않는다고 현실에 짜증을 낼 때, 노동자는 부당하고 잘못된 사회에 분노했다. 짜증은 쉽지만, 분노는 어렵다. 짜증은 아무것도 바꾸지 못하지만, 분노는 세상을 바꾼다.

노동자는 어떻게 분노할 수 있었던 것일까? 삶의 힘겨움을 자신만의 문제로 여기지 않았기 때문에 그들은 분노할 수 있었다. 자신이 겪는 문제를 옆에서 일하고 있는 동료가 함께 느끼고 있다는 것을 그들은 알았다. 그들은 옆에서 일하고 있는 동료를 경쟁자가 아니라, 함께 해결해야 할 문제를 가진 동지로 보았다. 그래서 그들은 가진 자들이 넘어오지 말라며 그어놓은 '선'을 동지들과 함께 넘어섰다.

그리고 자신이 노동자임을 알고, 스스로 자신의 권익을 향상시키기 위해 노력하는 사람들이 모여 노동조합을 만들었다. 같은 처지의 사람들과 함께 어깨 겯고 부당한 세상과 싸우고자 하는 이들이 노동조합에 모였다. 이들은 '경쟁에서 이겨, 특별한 사람이 되라'는 가진 자들의 달콤한 속삭임을 거부하고, 옆 사람과 함께 잘 살 수 있는 길을 선택한 것이다. 이들은 가진 자들이 자신들에게만 유리하게 만든 사회 시스템과 제도를 바꾸어 조금이라도 더 많은 사람이 행복할 수 있는 사회를 꿈꾼다. 잘못된 세상, 부조리한 세상을 바꿔야 한다면 누가 바꿀 수 있을까? 노동자다. 이종화 위원장은 노동자만이 잘못된 세상을 바꿀 수 있는 주체라는 것을 알았던 것이다.

이종화 위원장은 모두가 함께 잘 사는 세상을 꿈꾸었다. 부당하고 부조리한 현실을 깨뜨리고, 땀 흘리는 노동자가 행복한 세상을 꿈꾸었다. 그리고 그가 꾼 꿈은 결국 이루어질 것이다. 이 땅의 다른 수많은 '노동자'들의 실천으로 반드시 이루어질 것이다! 아래 글은 투병 당시에 이종화 위원장이 남긴, 그의 꿈과 이상이 그대로 녹아 있는 간부교육 자료의 일부분이다.

> 이러한 부패하고 부조리한 사회 현실을 혁파하고 새로운 사회질서를 만들 힘이 어디에 있는가를 알아야 한다. 바로 노동자, 민중이다.

노동자는 정직한 땀방울로 살아가는 생산의 주역이다. 현실은 놀고먹는 놈들이 주인인 듯하지만, 이 세상의 진짜 주인은 노동자이다. 노동이 없으면 세상은 멈춘다. 세상의 주인인 노동자들이 자신의 힘을 자각하고 일어선다면 세상을 더 평등하게 바꿀 수 있다. 노동자로서의 자신의 가치를 자각하게 될 때, 우리는 노동의 권리를 되찾고 노동이 존중받는 세상을 만들 수 있다.

연대는 노동자의 생존 방식이다. 플랜트 노동자의 처지는 전체 노동자의 처지와 맞닿아 있다. 노동자의 운명은 하나로 연결되어 있고 전체가 함께해야 힘이 생긴다. 노동조합이 스스로 멈춰서지 않으면, 끊임없이 혁신하고 나아간다면 그리하여 전국 노동자가 하나 되어 일어선다면 세상을 바꿀 수 있다. 거인이 잠을 깨고 일어나는 것, 우리는 이것을 꿈꾸어야 한다.

노동조합의 꿈은 무엇인가? 모두가 함께 잘 사는 세상이다. 억압과 착취, 반칙과 부정이 없고, 서로 도와가며 행복하게 사는 공동체 사회를 우리는 꿈꾼다. 우리는 오직 노동조합으로 뭉쳐 투쟁으로 권리를 찾고 조직을 키워왔다. 세월이 흐르고 노동조합이 커진 오늘도 한국 사회는 여전히 변하지 않았다. 우리는 노동조합 정신과 투쟁의 전통을 이어 나가야 한다.

현장을 장악하고 사회를 개혁하자!
더 커진 힘으로 더 높은 포부를 안고 힘차게 싸워나가자!

_전국플랜트건설노동조합 위원장 이종화

7

당신에게 보내는 편지

아빠는 일부러 감옥에 오지는 않았다.

다만 감옥의 위험 때문에

해야 할 일을 피하지는 않았다.

이종화가 당신에게 보내는 편지 _2012.12.25.

성민이, 진주에게

모든 것을 배우는 자세로 받아들이고, 성심껏 임해주기 바란다. 듣자 하니, 책, 걸상 정리 등 심부름과 일을 좀 하는 모양인데, 그것은 엄청 좋은 체험이다. 일의 의미와 방법을 배워야 한다. 일은 무조건 많이 할수록 좋다. 청소건 정리정돈이건 설거지이건 하찮아 보이는 일이라도 가치 없는 일이 없단다.

처음 하는 일, 많이 안 해본 일은 서툴 수밖에 없지만, 많이 해보고 안 해보고를 말하기 전에 일을 대하는 태도가 중요하단다. 성의 없이 하는 둥 마는 둥 하는 태도는 그 사람의 마음가짐을 나타낸단다. 내가 안 하면 다른 사람이 하든지, 또는 불편을 겪어야겠지. 내가 생활하는 데 소용되는 모든 것이 다른 사람의 노력으로, 일로써 생긴 것이란다. 나는 이렇게 다른 사람들에게 의존해서, 다른 사람의 도움으로 살아가는데 나는 무엇으로 내 역할을 할 것인가. 다른 사람에게 의미 있는, 가치 있는 일을 하게 될까? 이것이 일을 성심껏 해야 하는 이유다. 청소건, 정리정돈이건 소중하지 않은 것이 무엇이 있겠니? 작은 것 하나라도 성의껏 하고 마음으로 해야 한다.

_2012.10.07.

아빠같이 사회의 불의에 맞서다 감옥에 온 사람들은 감옥의 조건에 좌절하거나 굴복하지 않고 오히려 자신의 신념을 더 강하게 가다듬고 자신의 의지를 키우는 과정으로 만든단다.
감옥의 갇힌 조건, 그리운 가족과의 이별의 고통을 의지를 굳게 하는 조건, 책을 보고, 몸을 돌보고 이후 활동을 위해 생각을 가다듬고 체력을 키우고 지식을 키우는 과정으로 만들고 있다. 그래서 갇혀 있지만 마음은 더 자유롭고 자기 의지대로 헛된 시간이 되지 않게 더욱 알차게 생활하며 모든 장애를 뛰어넘고 있단다.
역사적으로도 훌륭한 일을 하신 많은 분이 감옥을 거쳐 갔단다. 어떤 면에서 감옥은 시대 발전의 밑거름이고 시대정신이 머무는 곳이라고 할 수도 있겠지. 시대를 개척하고 앞서가는 사람들이 겪게 되는 고초가 감옥살이라 할 수 있다. 그리고 그런 사람들은 한결같이 감옥살이의 불편과 고통에 좌절하지 않고 오히려 자신을 추스르고 새로운 힘을 기르는 기회로 삼았음을 알 수 있다. 아빠도 그런 과정에 있으니 너무 걱정 말도록.

_2012.11.07.

이제 일주일만 있으면 성민, 진주 떠나는구나. 이 편지 도착하면 하루·이틀 남겨두고 있겠구나. 새가 둥지를 날아오르듯 집을 떠나 너희들만의 세상으로 훨훨 날아가기 바란다. 새가 어미가 물어주는 먹이만 받아먹고 자라다가 때가 되면 날갯짓을 하고 둥지를 떠나 날아오를 준비를 한단다. 형제끼리 다투기도 하고, 자리싸움·먹이싸움도 한다. 이것은 생존을 위한 경쟁을 몸에 익히기 위한 본능이기도 하지. 처음 하늘을 나는 순간을 '비약'이라고 하지 않니. 비로소 새가 되는 것이지. 그러나 날 줄 안다고 다 새가 되는 것은 아니다. 먹이 잡는 법도 배워야 하고, 맹수를 피하는 법도 배워야 하고, 짝을 찾아 경쟁하고 번식하고 자리를 잡는 법도 배워야 한다. 숱한 어려움을 거치며 비로소 완전한 새가 되는 거지.

사람은 수십만 배나 복잡한 과정을 거치며 성장하고 변화한단다. 사람은 의식을 가진 사회적 존재이기 때문에 그렇단다. 단순히 환경에 적응하여 사는 존재가 아니라 환경을 이용하고 지배하며, 창조하며 사는 존재이지. 만물의 영장이라 하지 않니. 둥지를 떠나 비약하는 아들·딸에게 축복의 인사를 보낸다.

모두 새로운 가능성과 신나는 모험이라 생각하고, 배짱 두둑이 즐거운 마음으로 맞이해가자. 나도 여러 변수들이 어떻게 되든 모든 것을 기꺼이 감수하고 내 자신의 목표, 추구하는 이상을 향해 뚜벅뚜벅 걸어가련다.

_2013.02.17.

진주 생일은 아주 뜻깊은 날이다.

5·18 광주항쟁이 있었던 날이지. 배웠는지 모르겠지만, 잔인한 정권의 폭력에 맞서 광주에서 시민들이 목숨을 걸고 저항에 나섰던 날이란다. 우리나라 민주화에 큰 전진을 이룬 날이기도 하고. 물론 많은 희생이 있었지.

광주항쟁으로 아빠의 인생도 큰 영향을 받았단다. 아빠 20대는 광주항쟁의 정신을 기리고 그 뜻을 이어받기 위해 살았다 해도 과언이 아니지. 지금도 아빠 마음에는 광주항쟁의 정신이 살아 있단다. 그 뜻깊은 날 1999년 5월 18일에 아빠의 천사 진주가 태어났단다. 진주가 태어난 것도 신령스럽지만 그 날짜가 5월 18일이라는데 더 깊은 의미를 느꼈던 그때가 떠오르는구나. 모든 사람의 생일이 소중하지만, 진주 생일은 이렇게 뜻깊은 날과 겹쳐 더 소중하게 아빠에게 다가온단다.

_2013.05.20.

'전태일 평전' 감명 있게 잘 읽었다?

아빠는 지금도 그 감동이 남아 있다. 전태일이 평화시장 '시다'들을 보며 남의 일 같이 여기지 않고 걸어서 집에 가며 차비로 빵을 사준 이야기 등. 숱한 행적이 당시 20세 정도이던 전태일에게서 지금의 아빠도 하기 힘든 인격과 고귀한 정신세계를 느낀단다. 사람의 인격은 학벌이나 사회적 지위나 돈으로 살 수 없음을 전태일은 보여주고 있단다.

그 '전태일 평전'을 썼던 김영래 변호사는 전태일의 생애, 기록에서 큰 충격을 받았고 일생을 그 영향으로 노동운동을 지원하고 민주화운동에 몸담았다. 뿐만 아니라 그 시대 모든 양심적 지식인들이 큰 충격과 가책을 느끼고 노동운동에 뛰어드는 계기를 이루었단다.

그 노력으로 세상은 많이 변했고, 지금도 계속되고 있다.

전태일 평전은 두 번, 세 번 읽어도 또 다른 감동을 느끼는 좋은 책이다. 이런 책들이 많이 있단다. 이런 책을 안 읽고 얼마나 큰 손실인 줄도 모르고 사는 사람이 얼마나 많겠니?

_2013.08.15.

알다시피 전태일은 하다 하다 모든 노력이 실패로 돌아갔을 때 결정적으로 분신을 통해서라도 알리고 해결하겠다는 마음을 먹게 되지 않니? 분신을 하더라도 물러서지 않겠다는 의지가 돋보이고 개인적으로 보면 모든 고통을 알면서도 선택하는 비장함이고, 다른 면으로 보면 그렇게 하지 않을 수 없게 내몰린 것이지. 보통 사람들은 그 상황에서 어쩔 수 없이 포기하지만 전태일은 자신을 희생해서라도 물러서지 않았지. 거기에는 남은 사람에 대한 믿음이 있고, 자기 일에 대한 확신과 사랑이 있는 거지. 자기를 버려서 정의를 세우고 사람을 살리겠다, 구하겠다는 그 정신이 전태일 정신이고 만 사람을 울리게 만든 위대한 정신이지.
어머니 이소선 여사는 몇 년 전 돌아가시기 전까지 평생을 아들의 뜻을 지켜 사셨고 '전태일 평전'을 쓴 조영래 변호사를 비롯한 숱한 지성인들과 노동자들이 그 정신을 따라 살았다. 아빠도 그 많은 사람 중의 한 사람이고, 아빠의 동료들도 마찬가지지.

_2013.08.26.

꽃잎이 벌어지듯, 그동안 힘든 조건에서 움츠러들었던 꽃 몽우리가 마침내 마음을 열고 피어나는 모양새다. 얼마나 이쁜 모습인지 자신은 알지 못하는 것 같다.
세상에! 세상에! 모두가 놀라고 기뻐하는 소리가 들리는 것 같다. 자신의 꽃을 활짝 피우기를! 자기 마음의 소리를 따라가거라! 어디에 있냐고? 무엇이냐고? 스스로 물어보고 생각해보거라. 그러면 보일 것이다. 자신을 믿어라. 자신을 돌보고 사랑하거라. 아름답고 귀한 자신의 모습을 보게 될 거다.
자기의 귀한 모습을 볼 줄 아는 사람이 다른 사람도 귀하게 여기고, 자신을 사랑할 줄 아는 사람이 다른 사람도 사랑할 줄 안다. 이런 사람은 다른 사람의 존중과 사랑을 받지. 사랑과 존중은 주고받는 거란다. 하는 만큼 받게 된다고 할까?

_2014.01.12.

오늘 하루하루가 모여서 내일이 결정되는 거란다. 겨울나무는 죽은 듯 가만히 있는 것 같아도 나이테를 늘리고 지난 한 해의 성장을 갈무리하며 새해·새봄을 준비하고 있단다. 움이 트고, 싹이 돋고, 꽃이 피는 새봄의 합창은 사실 겨울에 준비되고 있단다.

_2014.01.12.

자신의 모습을 다른 사람의 마음에 들게 고쳐가는 것을 부정적인 것으로 생각하지 말거라. 거울을 보며 얼굴을 다듬듯이 다른 사람의 평가를 통해 자신을 다듬어간다고 보아야 할 거다.
사람은 서로 없어서는 못 산다. 사람이 사람다울 수 있는 것은 사회를 이루고, 관계를 이루고 살기 때문이다. 이 관계의 질서를 잘 배우고 존중하는 것이 사람다운 것이지 결코 자유를 속박당하는 것이 아니란다. 자유는 제멋대로 하는 게 아니거든.

_2014.01.16.

모든 위대한 큰 성과는 사실 하루하루의 작은 실천, 생활의 차이에서 이루어진다. 또 이렇게 하루하루를 꾸준히 목표를 세우고 쌓아갈 수 있는 것은 자기 삶의 목표가 뚜렷한 사람만이 할 수 있단다. 자기 삶의 목표가 뚜렷하려면 가치 있는 삶에 대한 믿음이 있어야 한다. 결국 무엇을 위해, 어떻게 살 것인가 하는 고민이 깊고, 생각이 분명한 사람이 목표를 세우고 흔들리지 않고 실천해갈 수 있다.
물론 이 과정에 생각은 계속 깊어진다. 무엇을 위해 살 것인가도 살아가면서 더 새로워지고 풍부해지고 변하기도 하지. 실천이 목표를 새롭게 하고 더 뚜렷하게 한다. 그래서 실천이 없는 사람은 삶의 목표도 뚜렷하지 않은 경우가 많다.

_2014.02.03.

아름다움이란 그림처럼 죽은 모양이 아니다. 살아 있는 모습이고 감정이 실린 표정이고 느낌이다. 모양은 아름다우나 차갑고 정이 안 가는 얼굴을 얼마든지 봤을 거다. 멀리서 보기에는 그럴듯하나 잠시만 같이 있어도 정이 뚝 떨어지는 남·녀들이 있다. 외모보다 마음이 중요하다. 마음이 곱고 아름다운 사람은 얼굴도 표정도 예쁘다. 사람은 결코 인형이 아니란다. 감정이 있는, 그것이 표현되는 존재이지. 그래서 외모도 신경써야 하지만 좋은 마음씨, 건강한 몸을 가지게 신경써야 한단다.

_2014.02.19.

자만심을 갖지는 말되

자신이 누구 못지않은 귀하고 아름다운 사람이라는 것을

잊지 않았으면 좋겠다.

자만심은 나만 잘났고

다른 사람보다 내가 특별하다는 우월감이고

타인을 무시하고 얕잡아 보는 마음이지.

그에 반해 자부심은

타인을 존중하는 마음이 아닐까 싶다.

자신을 귀중하게 생각하고

자신을 믿는 것이 자부심이겠지.

그러니 자부심은

내가 귀하기 때문에 상대도 귀하고,

내가 존중받아야 하기 때문에 다른 사람도 존중하는 마음이지.

이종화가 당신에게 보내는 편지 _2013.06.23.

어떻게 살 것인가

힘들지만 오늘이 가장 좋은 날이다. 빨리 흘려버려야 할 날은 없다. 날과 날이 모여 생을 이룬다는 의미를 새롭게 느낀다. 어려운 날도 기꺼이 받아들이고 최선을 다해 사는 법을 익혀야 좋은 날도 잘 누릴 수 있겠지. 모든 것은 지나가리니, 하루하루 최선을 다해 살자.

_2012.10.07.

힘들 때는 힘들다 하고, 한숨이 나오면 한숨을 쉬고, 눈물이 나오면 울어버려! 있는 고통을 부정한다고 없어지는 것도 아니고 우리가 현실을 잊기 위해 자기 최면을 거는 것도 아니고 자기감정을 억누르거나 숨길 필요가 없다. 있는 그대로 직시하는 속에 눈물 속에 꽃을 보고, 고통 속에 숨겨진 인고의 가치와 기쁨을 보는 거겠지. 또 한 걸음 더 나아가면 이런 조건에 있지 않으면 모를 경험을 하고, 주위를 달라진 눈으로 돌아보고, 성숙해지고, 깊어지지 않겠니. 이런 면에서 나는 무척 감사하고, 다행스럽게 생각한다. 이 시간이 단지 버티고 넘겨야 할 시간이 아니라 꼭꼭 씹어서 삼켜야 할 소중한 시간이 아닐까 싶다.

_2012.11.26.

이곳 생활이 단조롭고 시간 때우기 같아도 생활의 본질은 똑같다. 오히려 여기서 밖에서 못 가졌던 '생각의 시간', '체력 단련의 시간', '독서의 시간'을 갖고 있다. 특히 어려운 조건 속에서 자신을 돌아보는 시간을 갖는 의미가 크다.
찬찬히 지나온 시간을 돌아보고 '나'라는 사람을 돌아보고 무엇을 할 것인가를 생각해본다. 때로는 가엾기도 하고 때로는 대견하기도 하고 때로는 삐뚤삐뚤 모순투성이 못난이를 부끄럽게 보기도 한다.
가야 할 길은 선연한데 여전히 어린아이처럼 맴돌기만 하는 모습을 보기도 하고, 대충대충 시늉만 내며 지내는 모습을 보기도 한다.

_2013.01.22.

잘 알고 있겠지만 결코 비관하지 말자. 어찌 나한테 이런 시련이 닦치는가 생각지 말자. 할 일을 하였고 세상이 이러니 겪는 일이라 생각하자. 상황을 넘어서는 용기와 지혜로 고난을 성장의 밑거름으로 만들어가자. 생각해보면 지금의 어려움이 큰 기회와 복으로 될 수 있는 여지가 굉장히 많다. 이런 면에서 보면 나는 감사하다는 생각까지 든다. 관점과 입장이 중요하겠지.

_2013.03.24.

봄이 왔네 하던 때가 엊그제 같은데 벌써 여름 분위기가 난다. 가을 알곡이 여름을 겁내지 않고 여물 듯이, 땅땅 마른 볕을 쬐며 또 한번 살아 있음을 만끽하는 감옥의 여름살이를 느껴보려 한다.

_2013.05.14.

오늘 우연히 내 다리 상처를 보게 되었다. 자세히 앞뒤로 살펴보니 생각보다 상처가 크더구나. 다쳤을 당시의 흔적을 느낄 수 있었다. 끔찍한 사고였더구나. 가만 생각해보면 늘 달고 다니는 다리인데도 이렇게 가만히 쳐다본 적이 별로 없었다. 불편하고 아프다는 생각은 해도 앞뒤로 자세히 살펴본 적이 없었구나. 구태여 보고 싶지 않아서였을 거고, 바빠서 볼 여유가 없었던 거고, 또 봐봐야 뭐하냐 싶어서였을 수도 있겠지. 그래도 불편하고 아팠는데 45년 정도 끌고 오면서 무심했다는 생각이 드네. 흉터의 흉함과 장애가 그러면서도 내 다리인 현실 앞에서 내 성격에 많은 영향을 주었겠다는 생각이 들었다.

열등감이 성장 과정에서 강했고, 운명을 탓하기도 했으며, 그래서 운동적 가치와 정신에 더 열광했는지 모르겠다. 그래서 때로는 내적인 충분한 숙성 과정 없이 과하게 확신을 표하고 주장했는지도 모르겠다. 나이가 들어가니 이제 이런 여유도 생기는구나.

상처는 자정 과정을 거쳐 자리를 잡고, 스스로를 수습하고 어엿한 한쪽 다리 구실을 하며 지내고 있다. 요즘 운동 덕분에 빈약하던 근육도 조금 생기고 이번 겨울에는 몸살 한 번 안 하고 지나왔다. 상처는 지난 일이고 지금은 그 자체로 내 몸의 역사, 내 삶의 한 부분으로 자리 잡고 있다. 흉터와 상처로 내가 열등해지지 않듯이, 거꾸로 특별해지지도 않는다. 그냥 남들이 안 가진 흔적과 경험을 가지고 흐르는 내 몸, 삶의 한 부분을 이루고 있지. 흉터와 사고의 추억을 포함해서 전체로 내 삶이 어떠냐에 따라 내 상처의 의미도 달라지겠지. 상처·흉터가 내 삶을 결정하는 것이 아니라, 내 삶이 내 상처에 의미를 결정하겠지.

_2013.06.06.

좋은 날도 있고 궂은날도 있는 법. 좋으면 얼마나 좋고 궂으면 얼마나 궂겠니? 모두 지나가면 아련한 기억일 뿐. 더위와 악조건을 벗 삼아 또 한번 수행의 길을 걸어본다. 시원한 바람은 마음속에서 불어와야 진짜인 것. 일희일비하지 않고 묵묵히 갈 길을 간다.

_2013.08.01.

새벽 4시에 일어나 시간 여유 있게 새벽 운동을 아주 깊게, 안정적으로 하였다. 마음이 거뜬해지고 여유가 생긴다. 운동이 발전하는 데도 순탄하게 직선으로 발전하지 않고 지그재그를 그린다. 중간에 힘든 고비가 나타나고 그것을 넘어서면 새로운 경지가 열리고, 또 거기에 익숙해질 만하면 새 고비가 생기고 이러면서 점점 단계가 높아지는 것 같다.

_2013.08.22.

아무도 안 보는 것 같아도, 아무 의미 없을 것 같아도 내 언행 하나하나가 우리같이 노동운동하는 사람들에 대한 인식에 영향을 주고, 우리가 하는 일에 대한 평판을 만들어낸다는 생각을 해봤다. 우리 사회는 의외로 이런 면에서는 좁다 할 수 있겠지.
무엇보다 많이 들어야 한다. 더 가까이 다가가야 하고 밀착하는 속에 여론이 있고 답이 있다. 절벽같이 보여도 가까이 가면 길이 있고, 방법이 있다. 내가 노조 하며 배운 것이 바로 이런 점인 것 같다.

_2013.09.03.

108배는 동작, 호흡, 생각, 몸 상태가 모두 맞아떨어져야 효과가 높다. 하지만 절이 익숙해질 때까지 이 요소(동작, 호흡, 명상, 몸)들이 계속 돌아가며 문제를 일으키고, 또 그것이 극복되면 또 다른 요소가 불거지고 하는 식으로 나아가면서 수준이 계속 높아진다. 예를 들면 동작이 균형이 안 잡힌다든지 하는 등으로 서툴러서 겨우 익숙해질 만하면, 이번에는 호흡이 문제가 되고, 호흡이 나아지면 무릎, 발가락, 허리, 손목 등 몸 어느 부위가 말썽을 일으키고 이것이 나아지면 다시 잡념이 많아진다든지 등등. 계속 이러면서 자기도 모르게 전체적으로 예전과 몰라보게 달라진 모습을 보게 된다.

_2013.09.07.

운동에서 체험의 중요함을 다시 한번 느낀다. 힘든 과정, 한계를 한번 넘어서 본 것과 그러지 못한 것은 하늘과 땅 차이다. 한계를 넘어서 본 것을 정신도 기억하고 몸도 기억한다. 다른 모든 일에서도 마찬가지일 것이다. 운동을 하면서 정신적으로 단련되는 체험을 한다. 어려움을 견디는 힘이 길러진다고 할까?

_2013.12.22.

세상이 어둡고 혼탁하게 흐르다가도 언뜻언뜻 구름 사이로 해가 비추듯 새로운 희망에 대한 소식이 뜻밖의 장소에서 뜻밖의 시간에 들려온다. 어렵고 몰릴수록 근본을 점검하고 원칙을 지켜야 함을 다시 느꼈다. 정세는 흐르고 세상일은 결국 바르게 자리 잡혀 간다는 게 내 믿음이다. 믿음이 흔들리지 않게 또 믿음이 맹신이 되지 않게 늘 점검하고 되물으며 살 일인 것 같다.

_2014.01.02.

꽃망울이 하루도 쉬지 않고 자기 일을 다 해서 봄날의 새 소식을 알려주듯이 우리도 추운 겨울, 아직은 멀기만 한 봄의 이 시점에 더 분주하게 오늘 일에 매진하자.

_2014.01.14.

착한 마음, 솔직한 태도를 못 가져본 사람들은 결국 외롭고 불행을 피할 수 없는 것 같다. 비록 서툴고 그때는 아파도 착한 마음, 솔직한 태도가 결국은 최선임을 생각한다. 어쩌면 끝없이 그렇게 되려고 노력하며 사는 것일지 모르겠다.

_2014.01.15.

이오덕 선생님 우리글 바로쓰기 1권을 읽고 있는데 또 충격이다. 너무 바른 말씀이고 몰랐던 이야기다. 늘 접하는 말과 글인데 이렇게 까마득히 모르고 있었다니 놀랄 정도다. 세상살이 끝없이 배우면서 살 수밖에 없다는 것을 또 한번 느낀다. 읽고 싶고 알고 싶은 것이 자꾸자꾸 늘어난다. 버거우나 잘된 일이라 생각한다. 아는 것이 힘이고 아는 만큼 보인다는 말이 그래서 생겼겠지.

_2014.01.19.

내가 나가도 할 일이 많을 것 같구나. 다들 지쳐서 나를 기다리고 있는 것 같다. 나도 나가면 쉬고 싶은데….
나는 쉬었다 온 사람으로 취급받고, 곧 무거운 짐들이 내 어깨를 빌리자 할 것 같네. 나는 흔들리는 내 모습을 바로 세울 것을 고민하는데, 사람들은 내가 흔들리는 자기들을 바로 세워줄 것을 기대하는 것 같네. 나는 감옥을 벗어나는 것이지만 동시에 나를 기다리는 사람들 속으로 들어가는 것이겠지.

_2014.01.20.

나도 요즘 이오덕 선생님 글 읽으며 정직하고 바른 삶에 대해 많이 생각하고 있다. 지식, 재주를 가르칠 생각은 많이 해도 정작 바른 삶에 대해서는 별생각이 없었네. 내가 바르게 사니 저절로 배우겠지 싶었지. 그런데 가만히 생각해보니 나도 바르게만 살아오진 않았더라고. 운동한다는 명분으로 반칙하고 능률만 앞세우는 태도와 생각이 몸에 배어 있음을 느꼈다. 운동하며 잘못된 사람들 많이 보고, 운동을 떠나간 사람들도 많이 봤는데, 운동이 모든 것을 덮고 바로잡아줄 수 없다. 오히려 잘못된 자부심으로 더 고집 세고 삐뚤어질 수도 있음을 생각한다.

나도 치열한 삶이 모든 것을 해결해줄 것으로 생각했다. 흉악한 적과 싸우다 보니 거짓말도 해야 하고, 자기감정도 숨겨야 하고, 때로는 속여야 하고, 이런 것이 사람을 거칠게 하고 도덕에 대해 무감각하게 하고 했던 것 같다. 잘못되면 이게 결국 운동 자체도 제대로 못 하게 하는 변질을 가져오지.

_2014.02.10.

어떤 날은 아침 운동하고 나면 몸과 마음이 가뿐한 날이 있고, 또 어떤 날은 찜찜한 게 피곤의 연속인 듯한 날이 있다.

생각도 어떤 때는 온몸에 힘이 도는 듯한 명료한 생각이 번쩍 들 때도 있고 또 어떤 때는 스스로 생각해도 미운 생각이 밑도 끝도 없이 떠오르고 꼬리에 꼬리를 무는 날이 있다.

풀리지 않는 의문이 내내 머릿속을 맴돌고 답답한 생각 주머니에

갇힌 듯이 생각은 나아가지를 않고 그러다 덮어두고, 또 다른 일을 하며 잊어먹고 그렇게 그렇게 지나간다. 그래도 이런 고민의 흔적이 모두 어느 순간에는 불현듯 어떤 문제에 답을 주는 근거로 작용하더라. 그래도 어려움은 끝이 없고….

_2014.02.18.

모든 문제를 풀어가는 태도에는 공통점이 있다.
하나를 보면 열을 알고,
집에서 새는 바가지 들에 가도 샌다고
자신을 다스리고 일을 대하는 태도는
모든 일에 공통으로 적용된다.
무술의 고수가 평생 주먹 쥐는 법을 새로 배우듯,
요리의 달인이 평생 새롭게 거듭 배우며 한 가지 일을 하듯이,
나는, 그리고 우리는 이렇게 매번 되돌아보고
새롭게 마음가짐을 가지고 임해야 한다.

_2019.06.11.

끈기는 하고자 하는 의욕에서 나온단다.

의욕은 필요를 자각한 사람한테 나오지.

이종화가 당신에게 보내는 편지 _2012.11.08.

무엇을 위해 살 것인가

어제는 '인간극장'이라는 TV 프그램에서 할머니와 어린 손자들이 사는 모습을 보았다. 어린 손자 둘이 있는데 둘 다 뼈에 종양이 생기는 병이 있는데 월세방에 살면서 할머니는 가끔씩 식당 설거지를 해서 애들 밥을 먹이는 거라. 그런데도 풋풋한 애들을 보니까 더 눈물이 나데. 나는 내가 편하게 살았구나. 이런 세상을 두고 어찌 가겠는가 하는 생각이 들더라.

이념을 실현하기 위해 사는 사람이 아니고 사람을 위해서 그 사람들의 눈물을 닦아주기 위해서 나는 어떻게 할 것인가 하는 생각이 들더구나. 과연 나는 어려운 사람을 생각하고, 잊지 않고 살았는가? 내 자신의 목적을 위해 살았는가? 나는 과연 내 이념이 동시대의 고통받는 사람들에게 맞닿아 있었는가 반성적으로 생각해보게 되었고 지금도 그 생각이 떠나질 않는다. 천천히 천천히 생각해볼 생각이다.

_2012.10.15.

오랫동안 변하지 않던 분단의 장벽이 실지로 녹아내리는 정치지형의 변화, 사람들 인식의 변화, 경제활동 환경의 변화 등 천지개벽의 전초전 같은 멘붕의 변화가 서서히 시작될 것이다. 2000년 초반과는 또 다른 깊이와 폭의 변화가 있을 것이다. 사회적 문제기 불거지고 억눌렸던 요구가 분출하고 그동안 못 이기던, 해결하지 못했던 문제들이 해결되는 등의 변화가 있을 것이다. 물론 가만히 있는다고 저절로 되는 것은 아니지. 모든 사람이 자신의 자리를 새롭게 되돌아보고 점검이 필요한 시점일 것 같다.
안에서 생활은 무난히 하고 있다. 어쩌면 거기나 여기나 비슷할 것 같은 생각도 드는구나. 그래도 나는 치열한 역사의 현장에 앉아 있으니 거기가 더 변방일 것 같구나. 사람이 꿈이 없으면 삶이 얼마나 무의미하겠니. 우리들의 꿈과 노력은 아름다웠고 지금도 후회하지 않는다.
또 반갑게 만날 날을 기다리며 하루하루 알뜰하게 살아가자. 이국 만리서 몸조심하거라.

_2012.11.25.

신문, 뉴스로 보고 있는지 모르겠지만 박근혜 정부는 혹시 하다 역시 한다고 완전 '꽝'이다. MB를 능가하는 백치공주의 등장이다. 대한민국이 어디로 가려는지 막장드라마 중의 막장드라마다. 상식 이하의 행태가 만성이 되어 '헐'하는 소리가 절로 난다. 지배 세력의 무지막지가 탐욕과 뻔뻔함이 갈 데까지 가고 있는데 이것을 바로잡을 대안 세력은 지지부진이니 답답하기만 하다. 그래도 나는 민중의 힘과 역사의 발전을 믿는다.
역사가 발전하리라는 믿음은 희망 사항만이 아니고 그것의 당위성과 필연성을 현실에서 보고 접목시키는 혜안과 능력이 어느 때보다 요구된다고 믿고 있다. 나는 분출하는 민중의 힘을 보게 될 날이 가까웠다고 느끼고 있다. 당하고 당하는 속에 우리는 실점만 하고 있는 게 아니라고 생각한다. 우리가 주도하고 지배하지는 못

하지만 상대편도 마찬가지다. 지배세력도 갈수록 장악력이 떨어지고 있다. 문제는 객관적인 조건보다 우리 자신의 준비 역량이 문제인 것 같다. 답은 없다. 서둘러서도 안 되고 비관해서도 안 되지. 역사와 민중의 역동성을 믿고, 새봄에 피어나는 꽃들의 합창처럼 순식간에 정세를 바꿔버릴 변화를 믿고 착실히 준비하는 거라 생각한다.

사람은 생각이 어떠냐에 따라 일 년을 살아도 십 년같이 살 수 있고, 감옥에서도 자유로울 수 있음을 생각한다. 못 나가고 형을 받더라도 실망하지 않고 그 조건을 값있게 활용하자는 마음을 먹고 있다. 내일이 아니라 오늘, 이 자리에서 행복하고 최선을 다하고자 지금도 그렇게 생활하고 있다. 자네도 휴가 전까지 건강하게 잘 있다가 돌아오기 바란다. 비록 면회실에서지만 잘생긴 얼굴 보고 싶구나. 꽃피는 설렘을 전하며….

_2013.03.02.

해욱이 형, 문희, 내가 조합에서 만난 대표적인 선한 사람들이다. 둘 다 처음에는 그렇게 나를 안 좋아했는데, 지금은 서로 어지간해서 흔들리지 않는 신뢰를 가지고 있다. 생각만 해도 웃음이 나네.

_2013.04.09.

남북전쟁 위험도 이야기되고, 보수정권 집권의 폐해가 더 깊어지고, 민주노총의 위기가 거론되는 등 세상은 혼란하고 앞날도 혼탁하다. 그래도 우리 노조는 씩씩하게 앞으로 나아가고, 눈에 보이지 않는 새로운 움직임의 싹들이 전국적으로도 있는 것 같다. 나는 역사의 변화·발진을 믿는다. 아무리 어렵다 해도 당내에 우리가 해야 할 일은 있는 것이고, 그것이 모여 언젠가는 꿈이 현실이 되리라 믿고 있다.
거친 환경에서 건강 조심하고 잘 지내기 바란다. 좋은 소식 전하게 더 노력하마. 멀리서 잊지 않고 격려해주어 늘 고맙다. 고국의 5월은 도약의 계절이다. "바람보다 먼저 눕고, 바람보다 먼저 일어나는" 민초들의 역량을 나는 믿는다. 건강하거라.

_2013.05.02.

지금은 천천히 맑스가 살던 시대 배경을 생각하면서 풍부한 현실 설명을 근거로 자본의 본질과 운동을 규명해낸 그 객관적이고 학구적이고 과학적이고 정열적인 탐구정신을 읽어보려 한다. 그리고 전반에 걸쳐 배어 있는 인민에 대한 사랑을 느껴보려 한다. 경박하게 사랑이라 말하지 않고, 풍부한 현실과 투철한 논리로 입증하는 사랑은 세월이 흘러도 사라지지 않는다고 생각한다. 그것이 검증된 고전이지. 시대적 제한은 있으나, 세월이 흘러도 틀리지 않고 이런 시대가 쌓여 역사 발전이 있는 거라 생각한다.

_2013.05.14.

열풍이 부는 사우디보다 여기가 나은 것 같구나. 나가면 언젠가 사막에 가서 밤하늘의 별을 보고 싶었는데, 자네 이야기를 들으니 가기 싫네. 여기 앉아 낭만적으로 생각하는 사막과 현실의 사막이 많이 다르다는 당연한 사실을 자네 이야기를 통해 깨닫네. 감옥에서 볼 게 있고, 사막에서 볼 게 있겠지. '어디에 핀들 꽃이 아니랴~' 하는 노래가 있잖니. 현실에 최선을 다하자. 지금 이 시간. 이

자리에서.
절망의 80년대를 넘어왔는데, 혼돈의 90년대, 새천년 밝아오고 노조를 만나 10년 세월 2013년이구나. 우리는 어디쯤 가고 있을까? 감옥이 이 물음에 답을 찾기는 좋은 자리인 것 같구나. 답답해도 지치지 않고, 크게 보고, 자세히 보고, 대상을 보고, 나를 보고, 생각을 보고, 마음을 보고…. 결국 역사의 한 토막이겠지. 친구야, 건강하거라. 8월에는 손잡고 만나야 할 건데…. 또 소식 전하마. 잘 있거라.

_2013.06.05.

정세도 굽이굽이 요동치며 큰 틀에서 제 갈 길로 가고 있고 마음이 좀 편하다. 멀리서 가까이서 소식을 들으니 다들 건강하고 세상이 어두운 것 같아도 소중한 노력들이 이어지고 있고, 언제나처럼 역사는 전진한다.

_2013.06.19.

노조 만드는 것도 어렵지만, 유지하고 맥을 이어가는 것이 더 어렵다. 지키기가 더 어렵다고들 그러지. 울산은 완전 승리도 못 이룬 속에서 덩치는 커져가고 하나의 문제를 완전히 풀지 못한 속에서 새로운 문제도 함께 풀어가야 하는 그런 상황으로 가는 것 같다. 노조의 역사가 다 같을 수가 없겠지. 울산은 울산의 길이 있지 않겠니. 대체로 밖의 동지들이 판단을 잘 하는 것 같다. 다행스러운 일이다. 다만 상황이 여의치 않아 좋은 선택을 못 하고 짜맞추기식으로 대응을 해야 하니 그것이 안타까울 따름이다.
문세에게 작별의 편지를 썼다. 언제 불시에 헤어질지 몰라서 미리. 노조 하면서 저런 친구들을 더러 만난다. 참 품성이 곧고 사랑스럽고 존경스럽다. 그 어려운 속에도 욕심 없이 다른 사람 생각할 줄도 알고, 도리를 지킬 수 있을까 싶다.

_2013.07.06.

세상 진리의 주인은 그 시대를 사는 민중들인데, 그것을 과연 얼마나 실천하고 있을까? 또 믿고 있을까? 어렵고 어려운 일이로다.

_2013.09.03.

자본론 4권이 끝나려 한다. 지난여름 무더위로 예상보다 속도를 못 내고 1주일 정도 늦어졌다. 자본론 학습하면서 자본론 내용보다 책 읽기 연습, 맑스의 저술 정신을 더 감명 깊게 느꼈던 것 같다. 시대정신이 무엇인지, 당대 자신의 시대에 주어진 과제에 매진하는 게 영원을 사는, 역사를 사는 길임을 느꼈다 할까. 감명 깊게 읽게 되는 책이다. 나는 경제에 관심이 적지만, 자본의 본질 해명을 통해 역사의 발전 전망을 규명하려는 저자의 자세가 투철하게 다가온다.

_2013.09.22.

새누리당, 보수, 자본이 쎄다기보다 우리가 너무 못하는 것 같다. 언젠가 자네가 말했지? 역사에서 민중은 언제나 패배했다고. 그럼에도 역사는 진보했고, 나는 여전히 지금도 그 과정에 있다고 믿는다. 그런 의미에서 언제나 패배하지는 않았고 피눈물 속에서 전진했다고 해야겠지.

_2013.10.04.

상규, 광주가 면회를 왔더구나. 상규 단식 21일째. 효소 먹으며 링거 몇 번 맞고 하는 단식이라 견딜 만하다네. 생각보다 얼굴도 괜찮더라. 앞으로 2~3일 정도 더 있다가 단식을 끝낼 예정이라네.
상경 투쟁 아주 잘 되었더구나. SK 출입 문제 사실상 승리했더라. 아직 잔불이 남아 있지만 큰 가닥은 잡은 셈이다. 대단히 의미 있는 결과이고, 10년 노조 투쟁의 결실이라 할 만하다. 어쩌면 처음으로 SK의 양보를 받아냈는지 모르겠다. 감격적인 결과를 통보해주는 자리임에도 듣는 나도 전해주는 상규도 웃거나 환호를 하지 못했다. 기쁨보다 그간의 감회가 더 느껴져서였겠지. 이걸 얻으려고 그렇게 3,000여 명이 상경하고 노조 10년간 싸워왔는가 싶더라. 여전히 결과를 뒤집으려고 호시탐탐 노리고 있겠지만 힘으로 쟁취한 성과라 쉽게 뒤집지는 못할 것이다. 대단히 큰 성과를 이룩한 상규에게, 조합원들에게 박수를 보낸다. 나도 모처럼 감옥이 즐거워지는 걸 느꼈다.

_2013.10.21.

노조가 3,000명 서울 상경투쟁까지 하며 벌인 투쟁이 우여곡절 끝에 비교적 성공적으로 일단락되었다. 강상규 전 지부장 되고 나서 여러 가지 환경적 요인 속에 벌어진 이번 투쟁은 그동안 노조 투쟁의 역사를 계승하고 한 단계 높인 성과적인 투쟁이었던 것 같다. '조합간부 현장출입', '휴업기간 공수보전' 등 이후 과정을 지켜봐야 하나 투쟁의 대세는 우리가 장악한 것 같다. 처음으로 힘으로 SK의 양보를 받아낸 것이 최고의 성과이고 상징적 의미가 크다. 물론 조합간부 현장 출입을 힘으로 쟁취한 것은 두고두고 빛을 보게 될 것이고, 아주 중요한 이슈를 쟁취했다. 모처럼 마음이 따뜻해지는 승전보를 들었다. 우리가 남긴 족적이 사라지지는 않겠다는 생각이 들었다.

_2013.11.01.

故 이종화 약력

1962년 11월 28일 마산에서 태어남

1982년 21살	부산대 중어중문학과 입학. 한 학기 만에 휴학. 군 면제 (5살 때 교통사고)
1983년 22살	백수처럼 지내며 등산에 몰두
1984년 23살	학원과 집만 오가며 대입 공부에 몰두
1985년 24살	경남대학교 법학과 입학. 『지식인과 허위의식』을 보게 됨
1986년 25살	경남대 총학/학도호국단 폐지/학원 자율화/광주학살 진상 규명/직선제 개헌/아시안게임 반대 투쟁
1987년 26살	"돌아오지 않는 화살처럼 살고 있었다"
1988년 27살	경남대학교 총학생회 회장 입후보 낙선
	경남대학교 총학생회 기획차장
	첫 번째 구속: KAL기 폭파사고 대자보로 국가보안법 위반 6개월 수감
1989년 28살	경남대학교 총학생회 기획부장
1990년 29살	3당 합당 반대 투쟁으로 수배
	수배 기간 중 신발공장/ 컨베이어 벨트 제조 공장
1991년 30살	부산 집에 갔다가 구속, 1년 6개월 수감
1992년 31살	가을 출소: "학교는 완전히 변해 있었다"
	"민중 속에서 노동자로 살다 죽겠다"
1993년 32살	결혼/출판사 노동자/중소기업 관리직/미포조선 하청 노동자
1995년 34살	플랜트 건설 현장 업무
	"세상을 잊고 살았으며, 내 일생에서 가장 마음 편하게 지

냈던 기간이었다"

1997년 36살 IMF 사태 발생 기능공 70~80% 실업자/울산동구지역 진보정당 준비활동
성민 태어남/아내 어린이집 운영을 승합차 운전 기사하며 도움

1998년 37살 울산동구청장 선거 승리

1999년 38살 진주 태어남/울산동구청장 보궐선거

2000년 39살 민주노동당 창당 및 가입

2001년 40살 민주노동당 울산동구지구당 사무국장

2004년 43살 울산지역건설플랜트노동조합 창립/ 가입
울산지역건설플랜트노동조합 대외협력국장
울산지역건설플랜트노동조합 조직국장

2005년 44살 울산지역건설플랜트노동조합 76일 총파업투쟁으로 구속, 6개월 수감

2006년 45살 울산지역건설플랜트노동조합 2대 위원장

2007년 46살 전국플랜트건설노동조합 울산지부 지부장

2009년 48살 전국플랜트건설노동조합 울산지부 수석부지부장

2012년 51살 전국플랜트건설노동조합 울산지부 지부장
어용노조 퇴치 투쟁으로 구속(1년 6개월)

2014년 53살 전국플랜트건설노동조합 울산지부 지도위원

2015-2017년 54~56살 전국플랜트건설노동조합 4기 위원장

2016년 55살 건설산업연맹 위원장 직무대행/박근혜 퇴진 민중총궐기 투쟁으로 구속

2018-2020 57~59살 전국플랜트건설노동조합 5기 위원장

2023년 8월 26일 62살 암투병 중 영면하심

전국플랜트건설노동조합 울산지부 약사

2004년 1월 6일	울산지역건설플랜트노동조합 설립 총회
	1대 박해욱 초대위원장(2004년 1월~2005년 6월)
2004년 1월 19일	노조결성 보고대회(종하체육관)
2004년 2월	야음동 노조사무실 개소
2004년 4월	삼양제넥스 폭발사고 투쟁
2004년 5월	SK 노조탄압 규탄투쟁
2005년 3월 17일	76일 총파업 돌입

〈총파업투쟁 주요 일정〉

4월 1일	남부서 항의투쟁(구속 1, 중경상 50여 명)
4월 8일	울산시청 항의투쟁(구속 9, 부상 30, 연행 825명)
4월 28일	노동부 항의투쟁(구속 7, 부상 30, 연행 20명)
4월 30일	서울마포 SK타워 고공농성(권혁수, 정승문, 차동홍)
5월 1일	SK 베셀 고공농성(이문희, 김병찬, 우제준)
5월 5일	가대위 남부서 항의방문(경찰 폭력으로 대응)
5월 6일	구속 결단식(물리력으로 항의)
5월 17일	민주노총 영남권노동자대회(포항, 여수, 광양 참가)
5월 23일	서울 대학로 3보1배 투쟁(600여 명 연행)
5월 27일	민주노총 전국노동자대회(노사정 사회적 협약으로 마무리)
	투쟁결과: 200여 명 부상, 49명 구속, 260명 불구속,
	SK의 손배가압류 30여억 원

2005년 7월	1대 비대위 김태경 비대위원장(~2005년 12월)
2006년 1월	2대 이종화 위원장(~2007년 12월)
2006년 3월	야음동 사무실 개소
2006년 7월	총파업 및 최초의 단체협약 체결
2006년 7월	포항지역건설노조(포항지부) 총파업투쟁 연대
2006년 7월 19일	태화강역 농성장 사수하던 주민칠 동지가 투신 여성을 구하고 열사로 산화함.
2007년 4월	울산건설플랜트노동조합 기능학원 개원
2007년 8월 5일	'전국플랜트건설노동조합' 설립되어 산별노조로 통합됨 (명칭 변경: 전국플랜트건설노동조합 울산지부)
2007년 11월	SK NEW FCC 총파업
2008년 1월	3대 이문희 지부장(~2009년 7월)
2009년 7월	총파업 돌입
2009년 8월	4대 박해욱 지부장(~2011년 12월)
2010년 9월	용암분교 노조사무실 및 기능학원 개소식
2011년 11월	총파업 돌입
2012년 1월	5대 박해욱 지부장(~2012년 5월)
2012년 6월	5대 1차 보궐 이종화 지부장(~2012년 12월)
2012년 8월	'동부사건' 어용노조 퇴치투쟁
2013년 1월	5대 2차 보궐 임승철 지부장(~2013년 7월)
2013년 1월	덕하사무실 개소
2013년 8월	6대 강상규 지부장(~2015년 6월)
2013년 10월	SK 넥슬렌투쟁 및 전조합원 상경투쟁
2015년 5월	SK가스 PDH 총파업투쟁
2015년 7월	7대 권준덕 지부장(~2016년 11월)

2016년 11월 S-OIL 총파업투쟁

2016년 12월 7대 보궐 이문세 지부장(~2017년 12월)

2017년 7월 지역적 구속력 있는 최초의 임금협약 체결

2018년 1월 8대 이문세 지부장(~2019년 12월)

2020년 1월 9대 이문세 지부장(~2021년 12월)

2020년 11월 13일 최초 조합비 건립 노조사무실 개소식

2021년 8월 임금저하없는 기준임금제 임금협약 쟁취

2022년 1월 10대 고희승 지부장(~2024년 12월)

힘써 노력해라.

고통을 이기고 힘든 과정을 넘어설 때,

새 세상이 보이고, 힘이 생기고, 자유로워진다.

편하고 쉽게 살고자 해서는 결국

스스로 나약하고, 주변 조건에 얽매이고

삶은 더 힘들어진다.

새는 둥지를 박차고

하늘로 날아오를 때

새로서 자유를 얻는다.

두려움 서투름, 반복하는 노력을 통해

마침내 날아오르는 순간을 맞이하고

새 세상을 만난다.

이종화가 당신에게 보내는 편지